教育部人文社会科学研究青年基金项目“营利与公益均衡视角下影响民办高等教育投资决策的关键因素研究（11YJC880089）”资助

我国民办高等教育投资决策与风险评估研究

沈国琪 著

内容提要

本书在对民办高校实地调研的基础上，围绕民办高等教育投资者面临的风险、投资收益以及利益相关者的权益保障展开分析，通过对民办高等教育投资现状的梳理，探讨投资成本、收益及关键影响等内容，测算我国民办高等教育投资的合理回报区间，并提出了优化民办高等教育投资、规避风险的若干建议，从政策供给方面提出民办高等教育分类管理的新思考。本书可以为民办高等教育投资者、民办高校各级管理者及监管机构提供参考，为科学决策提供支持。

图书在版编目(CIP)数据

我国民办高等教育投资决策与风险评估研究 / 沈国琪著 . -- 上海 : 上海交通大学出版社 , 2019

ISBN 978-7-313-20886-6

Ⅰ . ①我… Ⅱ . ①沈… Ⅲ . ①民办高校 – 教育投资 – 投资决策 – 研究 – 中国②民办高校 – 教育投资 – 风险评价 – 研究 – 中国 Ⅳ . ① G648.7

中国版本图书馆 CIP 数据核字 (2019) 第 017345 号

我国民办高等教育投资决策与风险评估研究

著　　者：沈国琪

出版发行：上海交通大学出版社　　地　　址：上海市番禺路 951 号

邮政编码：200030　　电　　话：021-64071208

印　　制：定州启航印刷有限公司　　经　　销：新华书店

开　　本：710mm×1000mm　1/16　　印　　张：12.25

字　　数：218 千字

版　　次：2019 年 9 月第 1 版　　印　　次：2019 年 9 月第 1 次印刷

书　　号：ISBN 978-7-313-20886-6/G

定　　价：59.00 元

前　言

20 世纪 90 年代后期，民办教育作为公办教育的一种补充在中国大地上出现并开始快速发展。截至 2016 年底，我国普通高等学校 2496 所，在校生 2 695.84 万人，其中民办高校共计 813 所，在校学生 616.20 万人（教育部《2017 年全国教育事业发展统计公报》），民办高校数量约占普通高等学校数量的三分之一，民办高校在校生人数占比超过普通高校全部在校生人数的五分之一。随着高等教育大众化的推进，民办教育在升学选择、就业储备、人才供应等各个环节逐渐占据有利地位，民办高校已成为国家、社会人才培养的摇篮。民办教育的发展分担了国家公共财政对教育事业投入的压力，满足了社会大众对于高等教育的多元化需求，激活了社会资本向教育资本的转化潜能。

2010 年 7 月发布的《国家中长期教育改革和发展规划纲要（2010—2020 年）》（以下简称《纲要》）指出“积极探索营利性和非营利性民办教育分类管理”。依照我国之前教育类相关法律的规定，“任何组织和个人不得以营利为目的举办学校”，所有民办高校均举着绝对公益的旗帜。但随着民办教育的蓬勃发展，民办高校数量迅速攀升，各民办高校的办学模式与办学条件不尽相同，但由于投资具有逐利本性，现实中民办高校的举办者希望在办学过程中可以获取回报，强烈的营利需求使得民办高校在不许营利的禁令下隐藏着名副其实的营利性行为。我国大多数民办院校由举办者投资办学，投资办学较捐资办学来说具有更多的利益目的性，投资人希望通过投资办学获得经济利益或名誉，根本性质类似于企业或公司等营利性组织。民办高校法人性质不清和产权界定不明使其发展进程遭遇到难以突破的瓶颈并面临严峻的挑战。鉴于当前紧迫的民办教育形势，对营利性高校与非营利性高校实行分类管理已刻不容缓。要改变民办高校非营利性顶层设计与营利性事实行为严重错位现象，国家采用法律政策营造制度环境是解决问题的基础和必要保障，同时制度保障也能为民办教育的发展提供本源动力。

2017 年 9 月 1 日正式施行的《中华人民共和国民办教育促进法（修正案）》从法律层面明确提出实行营利性和非营利性民办高校分类管理体制，随后《中华人民共和国民办教育促进法实施条例》等一系列政策文件相继颁布，拉开了民办高等院校分类管理的序幕。分类管理是解决民办高校发展问题的重效良方，也是促进民办教育管理体制改革的点睛之笔，这一系统性的变革必将成为民办教育发展史上的关键转折点。

分类管理制度出台后，非营利性民办高校在经济利益的驱使下纷纷转型为营利性民办高校。分类标准将民办高校划分为营利性民办高校和非营利性民办高校，民办高校有自主选择学校发展类型的权利。全国各地没有严格规定具体的分类登记时限，过渡期长短不一，各省区市根据民办高校的实际情况和办学历史做出有关规定，分校施策。在分类管理政策过渡期内，高校需对自身的发展做出营利性或非营利性的决策选择与规划部署。营利性民办高校是分类管理体制下产生的新生事物，营利性民办高校办学过程中形成的办学资产归举办者所有，举办者可以从办学过程中获取合理的回报与收益，并且可以根据相关规定对办学结余进行合理分配，保障了营利性民办高校举办者的产权归属，扩张了其办学自主权。这些相对于非营利性民办高校所具备的本质性优势，吸引着想取得更多合理回报的社会力量选择兴办营利性民办高校，引导着投资民办高等教育的民间资金将倾向于选择营利性民办高校。相关调查显示，有56.5%（董圣足，2017）对民办高校实际出资的举办者倾向选择转设为营利性民办学校，这一数据表明超过半数的出资人不愿放弃追求资产的所有权。但对于这一重大制度创新，我国缺乏营利性民办高校管理经验，如何针对我国现在民办高等教育形态迥异的现状做出具体的政策设计，如何在营利性民办高校自主运营、自负盈亏的情况下避免过度追求办学收益、保障办学公益性，如何满足利益相关者的诉求并得到社会大众对营利性民办高校的认可与支持等问题还有待研究。

《中华人民共和国民办教育促进法（修正案）》和《纲要》在明确民办教育要实行分类管理体制以及赋予营利性民办高校合法地位的同时，再次强调了民办教育事业要坚持公益化的导向指引。这与人们传统认识中的教育作为最基本的公共福利，不应以营利为目的，教育本应由非营利性的非企业单位组织举办的观念产生严重冲突。加之对以往部分民办高校中由于营利性成分存在所导致的盲目逐利行为，如忽视教育质量，一味地盲目追求学校扩大规模和生源数量，更有甚者通过关联交易转移资产、抽逃资金，损害了受教育者和校方的合法权益。人们对营利性民办教育具有公益性产生怀疑，内心深处表示不完全认同，具有一定的心理抵触情绪。

营利性民办高校充分引入市场化运营机制，资产属性私有，允许投资者获得经济收益，办学行为具有鲜明的获利目的。与此同时，营利性民办教育同样是以受教育者获得知识技能而促使国家、社会和个人获得提升和发展为目标和己任，服务于公共利益，承担社会责任，其公益性本质毋庸置疑。但相较于传统公办院校和非营利性民办高校来说，营利性民办高校公益性属性不明显，公益性办学目标被严重弱化。人们担心营利性行为会严重影响其公益性的彰显，营利性与公益性的博弈会产生严重的矛盾对抗现象。因此，帮助社会大众正确认识营利性民办高校的公益性本质，处理好营利性与公益性的关系，突显表现不明显的营利性学校的公益性，建立相应的保障机制维护营利性民办高校的公益性的实现，对于正处于历史关键时期的营利性民办高校具有重要意义。本研究分成四个部分。

第一部分主要分析了我国民办高等教育的现状，并对国内外关于民办高等教育研究现状进行了深入的评述。笔者从高校学生、高校的平均规模和增长趋势、院校的师生比等因素，对我国民办高等教育的现状进行了深入的研究。从数据探索的结论得出，经过近 40 年的发展，民办高等教育在缓解升学和财政压力，扩大融资渠道等方面获得了较大的成绩，从一定层面上促进了发展中国家高等教育普及化这一目标。但是从民办高等教育机构现状、规模、教学水平、教育声誉等因素来考虑，我国民办高等教育尚处在一个较低的水准，诸多问题的存在使得我国民办高等教育不容乐观。目前国外关于民办高等教育的研究主要从教学模式、环境政策、营利与非营利高等教育之间的比较、组织结构以及高校内部因素来进行研究；国内的研究主要从民办高校运行模式、高等教育营利的合法性和组织管理、民办高等教育投资风险等角度展开。

第二部分探讨了我国民办高等教育成本的特点，并采用对比方法，把民办高等教育同公办高等教育成本的特点进行了比较，使得民办高等教育成本的内涵得到进一步的明确。在这个基础上，笔者首先提出了民办高等教育成本的测度范围，分别从固定资产投入的折旧成本、日常教学的运行成本出发进一步细化成本的分布；其次进行民办高等教育的收益分析，从办学投入、办学收入、办学结余以及合理回报几个角度进行了理论探讨；最后结合成本、收益等方面的分析结论，采用内部收益率法（IRR），在目前情况下，测算了我国民办高等教育合理回报的区间（投资回报率），并总结了规范合理回报提取的相关政策建议。

第三部分主要是对我国民办高等教育投资风险进行了分类。民办高等教育投资风险主要包含政策风险、市场风险、财务风险以及教育质量风险，并对不同类型的风险从外部环境和内部因素两个方面展开了较为详细的成因分析。

在理论分析的基础上，笔者构建了民办高校投资风险评价指标体系，由民办高校财务风险、运营风险、发展风险三个维度构建出一个由 3 个一级指标、19 个二级指标构成的民办高校办学投资风险评价指标体系；利用灰色白化权聚类思想构建出适合民办高校投资风险的评估模型，并进行实证分析；在单项、综合功效系数计算的基础上构建民办高等教育投资风险预警模型，并对该模型进行了实证分析。

第四部分是相关结论和对策。从高等教育投资的内涵特点出发，对民办高等教育投资（或管理）的主体进行了分类，从政府层面、办学主体（出资者）层面、选择民办高等教育的家庭、选择民办高等教育的学生层面进行了定性和定量分析，提出了优化民办高等教育投资决策、规避投资风险的若干建议，并从政策供给方面提出民办高等教育分类管理的新思考。

本书中，笔者在研究我国民办高等教育发展历程中面临的困境以及民办高校自身在发展中不断地摸索和提升之际，在主持教育部人文社会科学研究青年基金项目“营利与公益均衡视角下影响民办高等教育投资决策的关键因素研究”（项目编号：11YJC880089）的基础上，系统地研究了以下七大问题：① 探讨民办高校营利与公益的均衡问题。若偏重营利，则求学者利益得不到保障；若过分强调公益，则民间资本进入高教领域得不到鼓励，两者之间需要把握一个平衡点。② 民办高等教育的办学成本分类及主要影响因素。③ 结合内部收益率（IRR）等方法，对民办高等教育目前投资回报率的合理区间进行测算。④ 探讨了民办高等教育投资面临的风险及其类型，分析了不同风险的特点及其影响程度。⑤ 通过一系列表征指标的设定，构建了民办高等教育投资的预警模型。⑥ 从出资办学者、学生家庭以及政府监管部门视角出发，构建博弈模型。⑦ 探讨了基于公益指数的分类管理模式，并提出了促进我国民办高校快速高质发展的新制度、机制和政策路径。

本书研究的是民办高等教育领域目前面临的较为紧迫的课题，期盼能为理论界和实业界的专业人员提供探索、研究、思考的理论框架，介绍目前民办高校发展的国情，提出一些解决现实问题的方案与建议，为今后的深入研究打下良好基础。笔者热切期盼各位专家和读者不断提出完善建议。民办高等教育事关国家教育大业，需要我们一起努力，不断探索完善。

沈国琪

2018.11.15

目 录

第1章　绪　论

我国民办高等教育的发展可分为初创和试办、快速发展、规范发展等三个阶段，并逐步形成了办学体制多元化、办学模式多样化、注重培育各自办学特色、重视民办高教立法等特点，以及办学规模不断扩大、学历层次不断提高、法律法规不断健全、国际化程度不断提升等发展趋势。民办高等教育投资主体、决策以及风险等领域的研究也成为时下关注的热点。

1.1　选题背景和问题提出

1.1.1　选题背景

1. 高等教育民营化已成为我国高等教育发展现状

据教育部统计，截至2015年，全国共有普通高等学校和成人高等学校2 852所。其中，普通高等学校2 560所，成人高等学校292所；普通高校中本科院校1 219所，高职（专科）院校1 341所。全国共有培养研究生单位792个，其中高等学校575个，科研机构217个。高等教育招生数和在校生规模持续增加。普通高等教育本专科共招生737.85万人，在校生2 625.30万人，毕业生680.89万人，比2014年增加了77.60万人。成人高等教育本专科共招生236.75万人，在校生635.94万人，毕业生236.26万人。全国招收研究生64.50万人，其中博士生7.44万人，硕士生57.06万人。在学研究生191.14万人，其中博士生32.67万人，硕士生158.47万人；毕业研究生55.15万人，其中博士生5.38万人，硕士生49.77万人。2015年，全国各类高等教育在学总规模达到3 647万人，高等教育毛入学率达到40%，成为世界高等教育第一大国，其发展有目共睹。但我国高等教育经费的政府投入状况不容乐观。1996 年，全国普通高等学校生均预算内事业费支出为 5 956.70 元，生均预算内公用经费支出为 2 604.36 元。2001 年，生均预算内事业费支出为 6 816.23 元，生均预算内公用经费支出为 2 613.56 元。2006 年，生均预算内事业费支出为 5 868.53 元，生均预算内公用经费支出为 2 513.33 元。到 2009 年，生均预算内事业费支出下降为 5 375.94 元，生均预算内公用经费支出下降为 2 237.57 元。多年来，为应对高等教育大众化，虽然国家财政投入总体经费呈逐年上升趋势，但生均财政经费呈下降趋势，加之不断上涨的办学成本，导致我国高等教育经费缺口很大，很多高校采取举债发展，财务风险不断加大。与此相反，高等教育个人分担的成本不断上升，来自企事业单位的各种形式的资助不断上升，高等教育民营化趋势凸显。随着我国高等教育规模的持续扩大，教育经费投入不足的矛盾更加明显，而这种投入的不足限制了公众对于高等教育日益增长的需求。为了解决这一问题，我国从办学体制和投资体制方面进行改革，不仅弥补了政府对高等教育投入的不足，还满足了公众对于高等教育不断扩大的需求。

2. 民办高等教育已经成为我国高等教育的重要组成部分

改革开放以来，随着市场经济体制的建立和不断完善，经过近 30 年的发展，民办教育特别是民办高等教育已形成一定规模。据统计，截至 2015 年底，全国有民办高校 734 所（含独立学院 275 所），在校生 610.85 万人，其中本科生 383.33 万人，专科生 227.52 万人，另有其他形式教育的学生 31.53 万人；独立学院 275 所，在校生 186.62 万人，其中本科生 165.68 万人，专科生 20.94 万人，另有其他形式教育的学生 19.39 万人；民办的非学历高等教育机构 812 所，各类注册学生 85.22 万人。民办高校发展迅猛，各类民办高等教育机构达到 813 所，在读学生总数达到 77.74 万人；民办高校办学层次提升，截至 2015 年 8 月，全国民办普通本科高校达到 350 所。民办高等教育机构从总数量上与普遍高等院校相当，几乎占据我国高等教育的半壁江山。民办高等教育的发展大大促进了我国高等教育事业的发展，其地位已由高等教育的补充形式转变为重要组成部分。同时，民办高等教育的发展增加了教育消费，扩大了内需，也拉动了经济的增长。

1.1.2 问题的提出

当我们在研究民办高校是如何蓬勃发展的同时，民办高校却面临着一些严峻的问题：大批民办高校出现关停甚至破产现象；许多学校先期投资效益非常低，资源浪费较为严重。研究表明，20 世纪 80 年代最早的一批民办高校，能够像西安翻译学院、河南黄河科技学院等一样从困境中挣扎出来的优秀高校只有少数几所，大多数在办学过程中因为后续资金不足、保守经营和资金链中断而衰落，有的勉强支撑、有的已经倒闭。中期进入民办高等教育投资领域的一些学校由于自己运作不当，盲目扩张，高风险投资，导致资不抵债，学校难以维持。20 世纪 90 年代后期以来，尽管从总体上看我国民办高校总数仍呈平稳上升的态势，但民办教育网和全国民办高等教育委员会 2007 年发布的一份总数为 1 134 家的全国民办教育机构名单的跟踪调查表明，已有超过半数的学校停办或无法查询，有超过一成的学校被其他机构兼并，基本正常运行的学校不足总数的四成。就停办区域而言，全国有 17 个省、市、区存在民办高校停办现象，而且越是民办高校较多、发展态势相对较好的地方，停办现象越严重。造成这种现象的一个重要原因就是在对民办高校进行投资决策时，分析不够全面，缺少科学的投资指导，对民办高等教育的办学风险缺乏科学的评估。因此，对民办高等教育投资决策及其风险评估进行研究是推动我国民办高等教育健康发展的保证。

民办高等教育投资中的运营困难或倒闭，是民办高等教育发展过程中必然要经历的优胜劣汰，是市场规律起作用的正常表现。但是，高等教育与人们的生活息息相关，民办高校运营困难或倒闭，不仅是学校自身的事情，还涉及受教育者及其家庭的切身利益，从而引发社会问题。如何认识民办高等教育办学风险，投资决策前应如何规避和化解民办高校的办学风险，政府和民办高校在办学风险防范中应扮演什么角色，都是摆在民办高等教育研究者和办学者面前迫切需要认真思考和研究的重要现实问题。

1.2 研究的意义

我国民办高校绝大多数是社会力量投资兴办的，而逐利是资本的本性，它必然表现为追求保值或增值。但是，《中华人民共和国教育法》《中华人民共和国民办教育促进法》均明确规定，民办教育是公益性的事业，以受教育者的本身利益为重，以社会效益为重。因此，平衡资本的逐利性和教育公益性之间的矛盾，在坚持高等教育公益性条件下起到奖励和扶持作用，是解决合理回报问题的关键，也是进行民办高校投资决策的依据之一。而这其中的重要环节是必须明确合理回报的区间，从量化的基础上为民办高校的盈利率提供参照标准，这对于指导民办高等教育投资具有重要的意义。

对民办高等教育发展与投资面临的各种风险进行分析和评估，建立相关的模型进行评估和预测，对于我国民办高等教育的健康与持续发展具有重要的指导意义。

我国目前民办高校法人治理基本上实行以投资者为主导的单边治理，这种治理模式有利于投资者的利益，但在一定程度上缺失对其他利益相关者的利益考虑。尤其在办学实践中，以董事会、校长为首的经营管理层与教师、学生等利益相关者之间并没有真正建立起一个有效的利益制衡机制，往往导致学校利益的家族化或公司化，难以维护教育的公益性。而这种现象的出现往往会直接导致民办高等教育的失败，如常规教育教学工作在学校的中心地位得不到落实，教学计划流于形式，更谈不上教研活动的开展。这些短期功利主义行为极大地破坏了整个民办高等教育的信誉与形象，降低了社会公众对民办高校的期望，进一步导致生源、办学资金的缺失。

因而，如何鼓励民间资本进入高等教育领域，以弥补财政投入的不足，又能满足其他利益相关者的权益成为亟须解决的问题，这也是本研究的意义所在。

1.3 研究目标

（1）通过对我国民办高等教育的投资现状与投资机制的研究，找出我国民办高等教育投资存在的问题，为建立适合我国国情的民办高等教育投资理论提供基础。在分析我国民办高等教育投资成本与投资效益的基础上，对我国民办高等教育投资合理回报率进行测度。分析不同主体（政府、个人、社会和投资者）对于民办高等教育的态度和相关影响因素，建立相关决策模型。

（2）确定投资者对民办高等教育的合理剩余索取率，平衡民办高等教育的营利性和公益性，一方面进一步鼓励民间资本对高等教育的投资，以满足国内对高等教育的需求，弥补国家财政投入的不足；另一方面可以促进民办高等教育的良性发展，不至于过分强调资本的逐利而忽视对民办高等教育正常办学应有的投入。构建基于合理投资回报率与不同投资主体的我国民办高等教育投资决策模型，为我国民办高等教育的科学投资与合理决策提供方法支撑。

（3）通过理论探索与实证分析，分析影响投资的相关因素和影响民办高等教育正常发展的重要因素；分析不同因素的重要程度，从而建立民办高等教育投资的风险预警机制。建立我国民办高等教育投资风险评估模型，并构建我国民办高等教育投资风险预警系统，为加强我国民办高等教育投资风险管理、提高办学主体的风险防范能力提供技术指导。

1.4 研究的内容

1.4.1 研究思路

（1）分析民办高等教育产品的属性，分析私人物品和准公共物品的特性，并在此基础上做出假设，为民办高等教育的投资决策与风险管理研究奠定基础。

（2）对民办高等教育的投资现状与投资机制进行研究，找出我国民办高等教育投资存在的问题，并在分析民办高等教育投资成本与投资收益的基础上，确定我国民办高等教育的合理投资回报率。

（3）分析政府、社会、个人以及出资者等不同主体的特性，从不同的角度分析各个主体的投资决策，并构建出民办高等教育综合投资决策模型。

（4）在对我国民办高等教育投资风险成因分析的基础上，建立我国民办高等教育投资风险评估模型（主要包括投资风险指标体系的建立、投资风险模型的构建），并在此基础上建立我国民办高等教育投资风险预警系统（包括预警指标设计、警度测度模型、警戒的设定等）。

（5）提出优化我国民办高等教育投资与加强民办高等教育投资风险控制的对策建议，同时提出民办高等教育分类管理的方法。

1.4.2 研究内容

本书共分九章。

第1章阐述本书的研究背景、意义，提出拟解决的关键问题，明确研究对象和方法，理清研究思路，提出本书的研究内容，建立研究的逻辑框架。

第2章对国内外关于民办高等教育投资的研究现状进行了分析，在评价相关研究的基础上，提出目前研究存在不足的地方，并提出本书研究的范围以及研究的视角。对民办高等教育产品从私人属性、准公共产品属性两个角度进行分析，对我国民办高等教育的内涵进行界定，对民办高等教育是否参与营利进行探讨。

第3章主要是对我国民办高等教育投资现状及投资主体进行分析。在投资的现状分析中，主要分析投资的类型和主体以及对目前我国民办高等教育投资的机制进行总结，并从民办高等教育相关的三个主体——政府、办学主体、求学者家庭出发，分析政府对民办高等教育的态度、出资者投资的目的以及求学者家庭在民办高等教育上巨大的需求动机等。

第 4 章围绕我国民办高等教育投资的成本分析和投资收益的测度展开。本章节先对高等教育投入的主要成本进行分类，在此基础上，区别于公办高等教育，进行民办高等教育投资成本的分析，提出我国民办高等教育应该具有一定的合理的投资效益，均衡成本与效益之间的关系，在保证教学质量的基础上，创新性地提出我国民办高等教育投资回报的区间，并且根据实际情况进行定量界定，同时给出界定这一投资回报区间的理论依据和方法，并进行实证分析。

第 5 章主要是对我国民办高等教育投资的风险如何进行评估以及评估模型的构建等进行研究。首先对我国民办高等教育投资可能存在的风险进行分类，然后对投资风险的成因进行分析，评估主要采用定量的方法进行。本研究采用了投资主体（民间资本拥有者且有投资教育意愿）敏感性分析法来进行评估，同时民办高等教育投资风险评估模型按照灰色评估模型的方法进行，如确定风险评估指标体系、模型的构建等。最后进行民办高等教育满意度分析、民办高等教育投资风险预警系统的思路构建等，提出构建我国民办高等教育发展的投资风险预警模型的设想。

第 6 章主要围绕民办高等教育不同的投资主体如何进行投资决策而展开。根据国情和地区的实际情况，确定了合理的回报区间后，从政府的视角进行民办高等教育投资动力分析、从民间资本视角进行投资决策分析以及从受教育主体的视角进行民办高等教育的投入决策分析三个方面展开，并在综合三方面的基础上，建立我国民办高等教育综合投资决策模型。

第 7 章是对策分析，就如何优化我国民办高等教育投资机制，加强投资风险防范进行论述。

第 8 章阐述民办高等教育分类管理的新思考，对现阶段分类管理模式进行探讨，提出了以民办高等教育的公益指数这一表征变量作为判断标准，按公益指数的大小及地区划分民办高校的类别，并提出无论民办高校是否具有营利属性，均不能视其为工商企业。就民办高等教育的正外部性而言，国家政策方面也应给以相应的优惠。

第 9 章是对本研究的相关结论进行总结，对本研究的创新点进行概括，同时指出本研究存在的不足之处，并对我国民办高等教育投资的研究提出展望。

1.5 研究方法

（1）规范分析与实证分析相结合（图 1-1）。对基本概念的界定、相关基础理论的论述及民办高等教育的投资机制等问题采用规范分析方法；对民办高等教育的投资决策、风险评估、预警系统的构建采用实证分析方法。

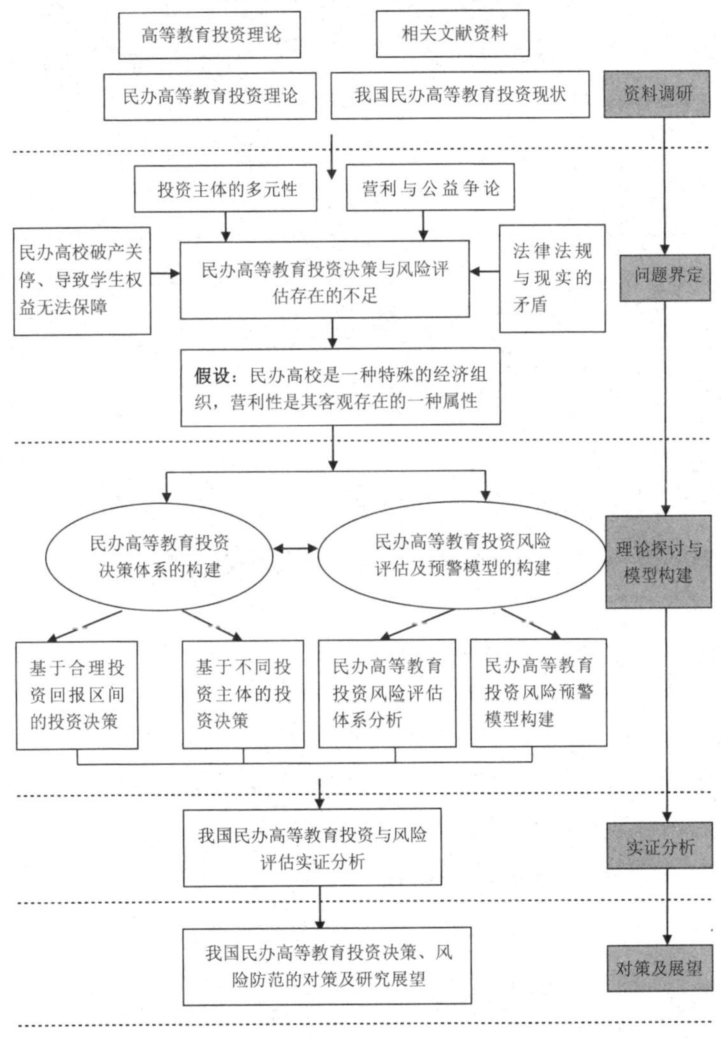

图 1-1 研究思路及逻辑结构

（2）定性分析与定量研究相结合。对民办高等教育投资现状利用统计描述等方法进行论述，对投资机制、投资风险成因等方面采用定性研究方法进行分析。对民办高等教育投资合理回报区间、投资决策、风险评估、预警体系的构建等问题运用定量模型进行研究，如内部收益率法、多阶段博弈模型、灰色系统评估模型、灰色预警等。

第 2 章　民办高等教育投资与风险评估的研究现状

民办高等教育领域始终存在行业准入壁垒、人才壁垒、资本壁垒、品牌壁垒等因素，独立运作一家民办高等学校需要较大的资金投入。统计资料显示，民办院校的资金基本依靠举办方自筹，融资途径只有银行贷款、社会捐赠等方式，而收入结构比较单一，主要来源于学杂费、住宿费。如此模式让部分民办高校存在财务运作风险，一旦其生源市场萎缩，学杂费收入下降，将直接威胁到民办高校的正常运作及可持续发展。本章内容对民办高校投资成本构成及投资风险进行分析。

2.1　民办高等教育投资的相关理论

2.1.1　高等教育成本分担理论

1. 高等教育成本分担理论产生的背景

在教育成本分担理论出现以前，人们认为高等教育作为社会发展的工具，其目的是训练高级技术人才，以发展国民经济、实现国家现代化和民主化。因此，作为一种国家行为，高等教育所有费用应由政府支付。个人虽然在高等教育中获得了收益，但这是高等教育选择功能的作用，相对于国家需要而言是不重要的。

随着高等教育规模的扩张和高等教育成本的提高，20 世纪 70 年代的石油危机导致世界性的经济危机爆发，各国的公共资金来源剧减，而社会对资金的需求却增加了，高等教育出现了空前的财政危机。于是，成本分担理论开始提出并逐渐被接受。

2. 高等教育成本分担理论的内容

1986 年，美国纽约州立大学校长、经济学家布鲁斯 · 约翰斯通（Bruce

Johnstone）在其《高等教育的成本分担：英国、联邦德国、法国、瑞典和美国的学生财政资助》一书中提出了著名的成本分担理论，并在随后逐步完善该理论。

该理论认为，一方面，高等教育服务的主要目的是为社会经济发展培养各种人才，同时具有一定的公共属性和特殊功能，承担着一定的政治及文化功能，具有较强的经济外在性。正因为如此，国家和社会应是高等教育的主要获益者，理所当然应该为高等教育的发展承担主要的经济责任。另一方面，根据人力资本投资理论，学生通过高等教育学到了知识，提高了技能，在走上社会后又能得到较高的货币收入和相应的社会地位，从而获得心理上的满足感。受教育者本人也是教育的直接受益者或者说内在受益者。因此，根据谁受益谁付费的原则，学生应当向高等教育机构缴纳学费。学生未来收入的提高提高了其家庭的收入，同时学生社会地位的提高相应地提高了其家庭的社会地位，因此在可能的条件下，家庭或者说学生的家长也应承担一定的高等教育费用。同理可知，因为受教育者的人力资本投资会提高雇主经营的生产率，所以从中受益的受教育者的雇主也应该是成本分担的一股力量。此外，社会的慈善机构和个人（包括受慈善机构捐赠的大学）也是教育资助的重要力量。于是，高等教育的成本应当由政府、学生个人及其家庭、雇主、社会共同承担。

3. 高等教育成本分担理论的适用性

世界银行在拉丁美洲和加勒比地区进行的研究表明，通过高等教育成本的分担和补偿，“可以在实际价值上增加 35% 的高等教育资源”。

世界银行的另一项研究表明，无论在发达国家还是在发展中国家，多数财政稳定的公立学校目前可以从学生那里获得占总经常性支出 15% ～ 25% 的收入。基于此，许多国家开始实施收费政策，因此教育成本分担理论的适用性是非常广泛的。同样，中国的高等教育现状与教育成本分担理论产生和推行的客观背景有很多相似之处，也有必要进行教育成本分担，即要求受教育者担负一定的高等教育成本，实行高等教育收费，同时要求政府和其他主体承担相应责任，对提供教育服务者进行补偿。

4. 高等教育成本分担理论的基本原则

根据成本分担理论，高等教育成本分担一般遵循两条基本原则：利益获得原则和能力支付原则。

（1）利益获得原则。利益获得原则就是谁受益谁分担的原则，即根据社会和个人收益的大小确定各自分担的成本份额。它要求从教育中获得利益的各方都要负担成本，支付教育费用。根据等价交换的原则，收益多的主体应多负担成本，收益少的主体应少分担成本，没有收益的主体不负担成本。在高等教育中，社会收益是受教者本人不能独自占有的，它包括经济收益和非经济收益。例如，对社会主义精神文明建设、民主和法制建设所起的作用是非经济收益；通过发展高等教育提高全民素质，有利于产品市场国际化，增强企业竞争力，这是经济收益。个人从高等教育中得到的收益包括经济收益和社会、心理等收益。因此，按照利益获得原则，在高等教育中，国家、社会、企业、团体和个人都获得了利益和好处，所以他们都应该支付相应的教育费用，承担起投资高等教育的责任，这是提高高等教育资源配置的有效手段。同时，由于个人收益大于社会收益，个人分担高等教育成本比例不能过低。

（2）能力支付原则。能力支付原则即支付费用要根据主体分担的能力确定教育的费用标准，是指所有从教育中获得利益的人（包括直接和间接）都应按其能力大小补偿教育费用。能力大多分担，能力小少分担。根据边际效用递减的规律，能力大的人，其超额财富的效用较低，这样富有者多支付教育成本是公平的，而且一定的支付能力即对国民收入的占有决定了负担教育投资的可能。目前，我国区域经济发展不平衡现象突出，在经济发展水平低的区域，个人成本分担能力普遍不高，即使是在同一区域，农村和城镇居民的收入水平也有很大差距。为了保证高等教育的发展，不能一味地把居民对高等教育的需求作为制定学费的唯一依据，按能力支付原则确定成本分担标准应该是比较恰当的选择。因此，能力支付原则有助于促进教育公平，是社会公平的内在要求。

这两种原则既有一定的关联性，又有一定的冲突性。从关联性上看，两者都要求政府参与提供教育。能力支付原则要求社会中的富裕者多负担教育成本，哪怕他们没有子女在受教育；利益获得原则要求那些得到教育利益的人负担教育成本，即使他们没有子女在受教育。也可以这样理解，这两个原则都要求一部分居民贡献他们的收入用于他人子女的教育，即使现在他们没有子女在受教育。政府须以强制的手段即税收的方式来筹集这部分收入，然后用之于教育。从冲突性上看，根据利益获得原则，如果一个有能力者没有获得教育利益，或者只获得很少的教育利益，那么他就可以不负担或负担很少的教育成本，这就与能力支付原则产生了矛盾。因为根据能力支付原则，一个有能力者不管是否获得教育利益，都要多负担教育成本。因此，上述两条原则不能独立应用，按照主体的实际情况全面考虑。必须特别说明的是，上述两条原则缺一不可，但利益获得原则无疑是根本的，它集中体现了市场经济中等价交换的原则。国家、个人、社会和企业从教育中获得了好处和利益，所以根据利益获得原则，获益各方均应分担相应的教育成本。同理，在我国社会主义市场经济条件下，在教育成果由社会各方分享的情况下，片面强调教育成本由某一方单独补偿，在理论上是站不住脚的，在实践上也是有害的。

5. 高等教育成本分担的必然性

高等教育成本分担理论是高等教育进行成本分担的理论依据，理论上高等教育应由国家、社会和接受高等教育的个人共同分担。但是，理论仅是理论而已，过去我国的高等教育是免费的，在免费的同时国家提供生活费用，高等教育也可以正常进行。坦桑尼亚、挪威、芬兰等国家到现在为止仍然实行免费政策。所以，对大学生进行收费不完全是理论的需要。

我国过去教育发展水平较低，只有少数人接受教育，教育规模相对较小。为了促进社会发展，国家把重心放在高等教育的发展上，对高等教育实行免费制度，同时由于处于计划经济时代，高等教育的个人收益较小，因此高等教育费用全部由国家负担。随着社会的发展，国家对教育的重心正在发生转变，即社会要发展，基础教育是关键，因为基础教育直接影响国民素质的提高。国家教育重心的转变，表现在国家在基础教育方面的投入大大增加，实行免费九年义务教育，相应地，高等教育投入力度不可能再和从前一样。另外，1999 年以后，高等教育在短期内快速发展，在校生人数迅猛增加，高等教育毛入学率达到 15% 以上，国家已无法承担高等教育发展的全部费用，所以由接受高等教育的大学生分担高等教育的培养成本在所难免。

2.1.2 高等教育收益理论

知识经济的基础是教育。自改革开放以来，我国教育事业以空前的规模和速度发展，对我国现代化进程具有基础性和先导性的贡献，成为社会发展不可或缺的组成部分。为此，我国确定了科教兴国的基本国策。教育投资已成为国家投资行为最重要的投资决策之一。与此相对应，家庭和个人投资行为的最重要的投资决策之一也是教育投资，教育投资位列家庭支出首位，对家庭和个人的影响也日渐明显。

1. 高等教育投资收益概述

（1）高等教育收益的界定和分类。投资的目的在于获取收益。一般意义上的收益是指投资者投资于某种资产，在一定时期内所获得的总利润或损失。借鉴投资学中对收益的定义，教育收益是指接受教育后获得的教育收益与教育投入相比较而获得的报酬。高等教育使受教育者自身获得更多的知识和技能，从而在劳动力市场获得更好的就业，提高了收入水平，获得家庭或个人在此之前的投入以及收益损失的经济补偿，与此同时，增加了全社会人力资本的存量和质量，为国民经济的发展提供源源不断的发展动力，增强了国际竞争力，对于国家来说也是有利的。所以，作为教育必不可少的组成部分，高等教育同样具有生产性，其投入也具有投资性质。现阶段，我国的高等教育正逐步实现从“精英教育”向“大众教育”的转变，高等教育体制改革势在必行，而其中最关键的就是高等教育投入成本的分担和高等教育投资收益提高。高等教育收益是受教育者因比高中生多接受至少四年的高等教育，而获得的教育经济效果的增量。高等教育收益按照不同的分类标准可以进行不同的划分：根据是否可以用货币计量，可以分为市场化收益和非市场化收益；根据投资收益的层次，可以分为微观层面的个人收入增长和宏观层面的国民经济增长；根据不同的投资收益主体，又可以分为家庭收益、个体收益和社会收益。

（2）高等教育带来的个人收益

①高等教育可以使受教育者获得超过未接受高等教育的同龄人的收入增量。受过高等教育的人一般从事更为高级复杂的社会劳动，在相同时间内的产出比受过中等教育的劳动者更多，在收入水平上理所当然会高于其他没有受过高等教育的劳动者。不同教育程度之间这种知识增量价值的经济体现的差别就是高等教育给个人带来的收益。

②消费支出的节省。在其他条件相似的情形下，受高等教育个体较未受高等教育个体具备更强的个人资金有效管理能力，使每项支出都具有更多的效益。受过高等教育的人会更理性思考和合理消费，减少许多不必要的开支，这也相当于收益的增加。消费支出的节省虽然不像收入的增加那么明显，但它的性质和收入增加是相同的，也是一种收益形式，只不过是隐性的、间接的。

③个体未来更好的发展前途和较大的职业机动性。受过高等教育的人，由于知识面广，技能相对全面，从而具备更强的工作能力和职业适应性。在防止失业和减缓（缩短）失业的持续时间方面，大学生总体上也比高中生、中专生有优势。与未受过高等教育的人相比，他们不易失去工作，对职业的选择和适应能力也更强。大学生相对高中生、中专生来说，职称、职务的晋升速度更快，担任单位负责人和专业技术人员的比例要比高中学历层次的人高很多。因此，受过高等教育的人一般比未受过高等教育的人有更好、更大的发展前景，有更多的机会选择更好的职业，获得更高的收入。

除了上述三种主要的市场化收益，高等教育的个人投资收益还包括非市场化收益，有学者也称之为消费性收益。这主要是因为高等教育使个体拥有全方位的知识和能力，从而增进健康、提高道德水平、推进全社会民主进程、提高个人社会地位和家庭生活质量、提升心理健康水平和增加精神收益等。

2. 高等教育投资收益综合指标系统

（1）高等教育个人总收益。高等教育个人总收益应为市场化收益与非市场化收益之和，即高等教育个人总收益 = 市场化收益 + 非市场化收益。

其中，市场化收益是可以用货币形式计量的收益，在实证研究中，我们一般将个人税后年纯收入作为高等教育个人市场化收益。非市场化收益是指接受高等教育者所得到的无法用货币形式度量的收益，因此它在测量上是有一定难度的。我国有研究者采用 AHP 分析方法，确定了高等教育非市场化收益指标体系权重。

（2）高等教育个人总成本。高等教育个人投入的成本包括直接成本和间接成本两个组成部分。直接成本是由于高等教育而引起的直接支出，一般包括学杂费、书本文具费、住宿费、交通费、通信费、文体费以及餐饮费等。高等教育的间接成本，也就是机会成本，主要指个人因接受高等教育而放弃的收入。对机会成本的测度是一个相对比较复杂的过程，但这项成本又必须纳入高等教育总成本的范畴，特别在高等教育阶段，高等教育的学生在年龄上已经是成人，完全可以进入劳动力市场，参与社会分工，获取相应的收入。舒尔茨对高等教育的机会成本进行过粗略估计，他认为机会成本大约占总成本的一半左右。目前，国内也有研究者结合就业率和各行业的收入水平等不同的影响因素对个人高等教育的间接成本进行过计算。总得来说，高等教育个人总成本应该等于直接成本加上间接成本。

（3）高等教育个人收益净值。高等教育个人收益净值，也就是高等教育个人纯收益，指高等教育个人收益总值剔除高等教育个人总成本之后的收益余额。通常情况下，高等教育个人收益净值才能真实地反映高等教育投资收益绝对值的大小，也是计算高等教育个人投资收益率的一个重要因子。

（4）高等教育个人投资收益率。经济学中的成本收益法是通过对即期成本支出和预期收益的比较计算投资收益率的方法。依此类推，高等教育个人投资收益率应该是高等教育的个人收益净值除以高等教育个人投资的成本总值所得的数值。它是衡量高等教育投资经济效益的重要指标。按照高等教育个人投资收益率的定义，我们可以得出：

高等教育个人投资收益率 =（高等教育个人总收益 − 高等教育个人总成本）/ 高等教育个人总成本

3. 高等教育收益的计量方法

教育投资的收益是一个边际概念，也就是受不同程度教育的劳动者之间的收入差异。因此，衡量高等教育投资收益最主要的指标是投资者在劳动力市场上将得到的收入增加的总额。在高等教育收益实证计量分析中，评价教育投资收益的方法有绝对收益的计量和相对收益的计量两种方法。而人们大多选用相对收益计量的方法，它利用教育投资收益率计量教育投资收益大小。从人力资本理论角度讲，高等教育的投资收益率是衡量高等教育投资经济效益的一个重要指标，其大小在很大程度上能够反映出高等教育投资的经济效益，进而为个人和社会进行高等教育投资提供决策参考。贝克尔甚至认为教育投资收益率是唯一决定人力资本投资量的最重要因素。根据投资主体的不同，高等教育投资收益率可划分为个人投资收益率和社会投资收益率。在此，我们将重点关注高等教育个人投资收益率。明确地讲，它是对个人因受高等教育在未来获得的净经济报酬的一种测度，反映了通过高等教育获得的教育收益与付出的教育成本的相对关系。

从 20 世纪 60 年代人力资本理论兴起以来，教育投资收益率的评估和计算方法没有太大的变化，尤其是高等教育个人投资收益率计算的基本方法主要是通过调查统计大学毕业参加工作的人的年均收入与未接受大学教育参加工作的人的年均收入之差额，进而推算出高等教育的个人投资收益率。常用方法主要有以下几种。

（1）内部收益率法。这一计量方法是一种成本收益分析方法，源于凯恩斯的资本边际效率，由贝克尔进一步发展它将每个时期投资者接受教育带来的收益与成本进行贴现，当现值为零时的年折现率即为内部收益率。

高等教育的内部收益率是因接受高等教育而得到的终生收入现值与接受高等教育的支出成本现值相等时的贴现率。由于高等教育成本和收益并不发生在同一时间点，因而需要进行折现。如果成本用 C 表示，收益用 R 表示，年限用 n 表示，内部收益率就是净现值（NPV）为 0 时的贴现率（r）。假设以上大学之初（18 岁）为零期，计算公式表示如下（假定高等教育为 4 年）：

$$NPV = -\sum_{i=1}^{4}\frac{C_i}{(1+r)^{i-1}} + \sum_{i=5}^{5}\frac{R_i}{(1+r)^{i-1}} = 0 \qquad (2\text{-}1)$$

根据统计调查的数据，我们可以获得 C、R 的数值，求解方程即可获得内部收益率 r 的值，也就是求解使贴现的高等教育个人收益和个人成本之差为零时的利率，r 值越大，表明高等教育投资越划算。利用内部收益率法对高等教育投资的成本与收益进行均衡分析，实际上可以把 r 值与实际市场利率 i 进行比较。

如果 $r > i$，说明个人进行高等教育投资除了能够收回个人投资外，还能取得一定的利润。所以，进行高等教育投资是合理明智的决策。

如果 $r = i$，说明个人进行高等教育投资刚好能收回个人投资额，但没有带来任何利润。所以，是否对高等教育进行投资都可以。

如果 $r < i$，说明个人进行高等教育投资不仅没有利润，还损失了一部分个人投资。所以，其接受高等教育是不划算的，应该立即就业。

（2）明瑟收入函数法。明瑟收入函数法源自美国学者明瑟 1958 年对教育、培训与劳动收入之间的关系所进行的开创性研究。明瑟在 1974 年提出了其基本公式：

$$\ln Y = a + bt + cEx + \mathrm{d}Ex^2 + \varepsilon \tag{2-2}$$

明瑟收入函数法通过回归分析将劳动者的个人收入数据（Y）、接受的教育程度（t）和劳动力市场工作年限（E）构造成为一个人力资本收入函数，也就是上述方程。其中，常数项 a 代表劳动者没有接受高等教育所能得到的收入，b，c，d 分别表示各变量的回归系数，b 表示多接受一年高等教育个人收入增加的比率，也就是我们要求的高等教育个人投资收益率。同样，c 代表增加一年工作经验个人收入增加的比率，d 表示工作年限的平方对收入的影响，ε 为随机误差项。

对方程求导可以得出：

$$b = \mathrm{d}\ln y / \mathrm{d}t = (\mathrm{d}y / y) / \mathrm{d}t \approx (\Delta y / y) / \Delta t \tag{2-3}$$

从上式可以看出，回归系数 b 就是因受教育年限 t 变化所引起的收入对数的相应变化程度，也就是高等教育个人投资收益率。通过统计年鉴等调查数据，我们可以获得劳动者个人收入、受教育年限和工作经验的相关数据，从而对明瑟收入函数的原始方程进行回归分析，也就是对影响收入人力资本要素进行最小二乘回归，进而可以得出 b 值。

我们还可以把上述表达式进行简化，将高等教育个人投资收益率 b 近似地等于（$\Delta Y/Y$）/ΔS。如果我们把接受高等教育群体的收入均值用 Y 表示，那么 ΔY 就可以理解为接受高等教育群体比没有接受高等教育群体获得的更多的平均收入，ΔS 代表这两级教育水平之间教育程度的差值，则 b 就表示教育年限增量带来的收入提高的比率。我们称这种方法为高等教育投资收益率计算的便捷法。

（3）边际收入法。边际收入法属于绝对收益计量，它用来计算因接受高等教育而增加的边际收入。

$$\ln Y = a + bt + cEx + \mathrm{d}Ex^2 + \varepsilon \tag{2-4}$$

其中，Y 是收入，t 是受教育年限，Ex 是工作经历，Ex^2 是工作经历的平方，b 表示多接受一年高等教育的收益绝对数量的增量，也就是边际收入。

另外，有学者将统计理论的最新成果——分层线性模型的方法运用到对教育投资收益问题的研究中，既实现了个体收入与其增长中的个性化差异和企业差异的分离，还通过引入个体变量分别解释这两类差异，创新了对国内教育投资收益的研究方法。

目前，由于高等教育个人非市场化收益的计量有一定的难度，再加上相关数据难以采集，因此在有关高等教育的研究中，高等教育个人的市场化收益、直接成本、间接成本均可用货币形式度量，而非市场化收益则大多从定性角度测度。但是，也有少数研究者按照非市场化收益的含义，确定了生活质量、教育情况和个人发展三个主要影响非市场化收益的因素，并在此基础上建立了一个阶梯层次的指标结构系统，研究其中各个因素之间的相互关系，最后使用 AHP 方法实证分析了高等教育个人非市场化收益指标体系的权重，在一定程度上实现了非市场化收益的定量分析。

4. 高等教育个人收益相关计量方法的评价

纵观目前对高等教育个人投资收益的实证研究，大部分是采用教育投资收益率这一指标来进行估算的，其中主要运用明瑟收入函数法和内部收益率法，下面着重对这两种方法进行评价。

内部收益率法和明瑟收入函数法各有长短，内部收益率法将折现值引入计量模型中，充分考虑到货币的时间价值，从而较好地剔除了通货膨胀对分析结果的影响，使数据在连续时间的纵向层面上具有可比性，同时可以与其他投资的收益进行横向比较。另外，它还将高等教育的直接成本和间接成本都纳入影响收入的因素中，使收益率的估算结果更具有全面性。内部收益率法的不足在于它的模型比较复杂，需要有个人接受高等教育所付出的成本和相应的年龄、收入等大样本多变量的数据，而这些数据的采集与获取常常有很大难度。而且，它对数据的要求很高，年龄、教育、收入的数据必须形成平滑曲线才能直接用于分析，目前大多数统计数据还达不到这个要求。

另外，由于内部收益率的数量模型涉及间接成本，难免会使数据和分析结果带有比较重的主观色彩。从这些方面来说，内部收益率法是比较难掌握的。

与内部收益率法相比，明瑟收入函数法具有如下优点：①当能采集的数据无法用内部收益率法计算时，它是一种合适的替代方法，因为明瑟收入函数法相较于内部收益率法，更为简洁明了，对数据要求也不高，进行各种比较也比较方便，使高等教育个人收益率计量的经济界定更加明朗化；②它可以检验用内部收益率法估算的收益率；③它能够就高等教育对收入的影响进行独立性的估计；④由于明瑟收益率的计量不涉及高等教育的间接成本，因此数据的客观性比较强。

明瑟收入函数法也存在一些缺点：①它将收入的决定因素仅简化为教育水平

和工作经验，没有将个人能力和学校质量等重要因素纳入考察范围，高估了高等教育个人投资收益率；②传统的明瑟收入函数法认为教育与收入之间的关系是一种简单的线性关系；③明瑟收入函数法没有考虑到货币的时间价值以及受高等教育者的直接成本和间接成本。基于上述原因，明瑟收入函数法对基本的方程进行了拓展，加入了如个人社会经济地位和性别等工具变量，来弥补原始的明瑟方程的缺陷。所以，多数研究者倾向于选择明瑟收入函数法估算教育个人投资收益率。

在此必须强调的是，对高等教育投资收益率进行实证研究的这两种主要方法都忽视了我国劳动力市场的非充分竞争性，劳动力市场也突显出比较严重的二元结构，有不少人都是在成本比较低的中西部接受高等教育，却在经济发展较快的东部沿海地区就业，这就会使高等教育个人投资收益率的估计产生一定的偏差。此外，这两种计量方法都是利用横截面数据，也就是某一时间点不同年龄组群的数据，如果经济环境变化的影响很明显或对整个市场来说环境变化大，那么年龄、受教育年限和收入三者的关系就会随着时间的推移发生显著的变化，实际收益率就有可能产生比较大的误差。我国现阶段处于劳动力市场变化剧烈的经济转型非常时期，因此在样本的选择和数据的获取分析上要特别重视这两个因素的影响，只有这样，分析结果才能真正为经济研究提供有益的参考作用。

2.2 民办高等教育的投资特点分析

2.2.1 民办高等教育产品的属性

民办教育是我国改革开放后对非国家举办的教育或依靠非政府财政性拨款举办的教育的新提法。从国际范围来看，这类教育被称为“私立教育”，在中国古代称之为“私学”。到了近现代，我国也有“私立教育”“私立学校”的提法。当代中国民办高等教育与古代的“书院”、近代的“私立学校”以及国外的“私立高校”有着不同的内涵，其办学性质也有着鲜明的时代特点。

1.我国民办高等教育的内涵界定

我国当前意义上的“民办教育”内涵十分丰富，有各种各样依靠非政府财政性拨款举办的学校，情况复杂，类型繁多。因此，大家对“民办高等教育”概念及范畴的理解也有所不同。

近年来，在国家的大力支持下，我国的各种社会力量纷纷开展高等教育事业，其办学形式多种多样，既有私人办学、中外合作办学、企业办学，也有党派、团体及其他组织办学。笔者认为，准确、科学地界定民办高等教育概念，离不开两个最基本的标准，即举办者的性质和创办资金的来源，并且两个标准具有统一不可分离性。就举办者而言，应当是非公有制经济组织或非政府机构，非政府性派出机构或直属机构，能够独立承担民事责任的法人和公民个人。就经费来源而言，创办资金出自举办者或社会捐赠、投资；经常性经费可以有政府资助，但主要应靠学校自己解决。除此之外，它通常是实施正规学校教育的高等教育机构，而非一般的教育培训机构。

基于以上观点，笔者认为，凡是由非公有制经济组织或非政府机构（含派出机构或直属机构）举办，且创办资金由举办者自筹或社会捐赠、投资的，实施正规学校教育的高等教育机构，即是民办高等教育。根据这一定义，民办高等教育包括实施普通高等学历教育的民办高等教育、实施成人高等学历教育的民办高等教育、实施学历文凭教育试点的民办高等教育以及部分实施特色自考的民办高等教育。需要指出的是，由公办普通高等学校举办、企业投资的民办二级学院（独立学院）不属于民办高等教育的范畴（目前独立学院也没有被教育部列入学校序列），实施一般自学考试辅导或其他职业技能培训的非学历高等教育机构也不属于民办高等教育的范畴。

2.我国民办高等教育产品的私人属性

主流经济学根据产品是否具有竞争性和排他性而将产品划分为公共产品、私人产品和准公共产品三类。竞争性又被称为俱乐部性质，即只有具有某种资格的参与主体才能消费某种产品或享受某种服务，如只有付费的人才能消费某种产品或享受某种服务，不付费的人是不能消费某种产品或享受某种服务的，是被严格排除在外的。排他性又被称为消费减少性，是指产品是稀缺的，一旦被某一个人占有，就不能被其他人占有，即一个人享用了某种产品或服务后，就会减少其他人对该种产品或服务的享用，甚至排除了其他人对该种产品或服务的享用。据此，现代经济学把“既具有排他性又具有竞争性的产品称为私人产品；只具有排他性或只具有竞争性的产品称为准公共产品；既不具有排他性又不具有竞争性的产品则被称为公共产品或纯公共产品”。

民办高等教育产品具有排他性和竞争性。每一个接受民办高等教育的人都可以消费民办高等教育向社会提供的教育资源，并且凭借这种消费给自己带来效用，即更多的就业机会、较高的收入等，但这种资源是稀缺的，一旦被某一个人占有，就不能被其他人占有。因此，民办高等教育产品在消费上具有减少性的特点，即它具有排他性。同时，民办高等教育有可能把这种有限的资源分割开，提供给最需要接受教育的人，而它们每提供一定数量的资源，其边际成本一般来讲是大于零的，且按产品单位付费，谁享用谁付费，不享用不付费，多享用多付费，少享用少付费。因此，民办高等教育产品在享有的资格上具有俱乐部性质，即具有竞争性。显然，作为一种商品，民办高等教育的这种排他性和竞争性决定了它不仅是商品，而且是私人商品。

民办高等教育可以满足多元化的市场需求。市场经济的发展为个人多元化的教育需求拓展了空间，进而对教育供给提出了要求，即要求民办高等教育体制和教育机构更加多元化。民办高等教育需求的多样性表现在人们不仅对普通民办高等教育有强烈的需求，而且对成人教育、培训等教育机构表现出浓厚的兴趣。人们选择深造的方式也趋于多样化，如在职培训、成人考试、自学、入校学习等。教育需求多样性还表现在人们对不同体制教育机构的需求。现在，人们更多地从教育质量、个人兴趣、教育内容等方面选择学校。某些等级和类别的教育是适合特定需求者的特定教育服务。以成人教育为例，其中既有文化补习性质的成人教育，又有专业培训性质的成人教育，还有丰富人们的文化生活、培养人们多方面兴趣的成人教育。总之，个人多样性的教育需求，为私立学校和各种特色教育的发展提供了广阔的舞台。

不同的人有不同的需求、不同的偏好。公共部门提供的产品很少能照顾到这一点，而且符合这一特点的产品不适合由政府负担全部经费或主要经费。根据公共产品理论，这种具有排他性和竞争性的教育服务，应该由私人部门提供，这样既可以有效地满足社会需求，降低教育成本和提高效益，也是在市场环境下改善教育品质、促进教育公平的重要途径。因此，承认民办高等教育产品的私人性质是合理的。它有利于扩大教育培养能力、提高效率，使教育经费的来源更加多样化，有利于培养教育消费概念，推动教育市场的形成，建立政府、学校、社会和学生之间的新关系等。从民办高等教育产品的供给机制看，政府为了实现社会福利的最大化，强制赋予了民办高等教育非排他性的特点。因此，民办高等教育产品在政府那里取得了准公共产品的特点，从理论上讲，为满足社会对民办高等教育的需求，民办高等教育产品应全部由政府提供才最有效率。公共财政的非营利性决定了它能够以低于教育成本的价格提供民办高等教育。民办高等教育中最具有消费正外部性的部分应由政府提供，如基础学科的研究、社会德育素质的培养等，也就是说，公共财政办教育应该更多地强调它的公共性，从而大大增加民办高等教育的供给量，增加社会福利，推动社会公平的实现，提高国民素质，降低社会运作成本。但是，民办高等教育作为公办教育必要的有益的补充，其存在有其必然性和合理性，它之所以产生，是由于国家财力有限而导致的高等教育的供给能力有限。必须强调的是，当民办高等教育由民间资本投资供给时，民办高等教育产品就取得了私人产品的性质，也就是说，民办高等教育提供的是私人产品，尽管它同样具有消费的正外部性。

3. 我国民办高等教育的准公共产品属性

民办高等教育产品在消费上具有排他性，在享有资格上具有竞争性，因而民办高等教育产品是私人产品。民办高等教育产品除了具有私人性质外，还具有极强的外部性，从而使它又呈现出公共产品的某些特性，是准公共产品。

教育就其社会分工和承担的社会责任来看，属于精神产品生产领域，它担负着全社会赋予的责任：传播知识，教化民众，探求真理，创新精神。美国著名经济学家西奥多·舒尔茨认为："教育的目的是要培养人，使之成为有能力的认真的公民；教育赋予男人和女人一种机会以学会理解自身所有的价值，懂得如何鉴赏优秀的艺术以及它们对生活的意义。"民办高等教育既要满足社会经济生活的一般需求，又要关注人类纯精神领域的研究，还要进行各种知识的基本研究。肖文俊用公共产品理论分析高等教育投资问题，认为民办高等教育具有明显的正外部性，即民办高等教育被个人获得之后，不仅使个人受益，而且具有明显的社会效益，且社会效益远大于个人效益，具有公共产品的某些特性。

具体来看，民办高等教育产品是提高劳动者智力素质的重要途径。劳动者的智力素质是指知识技能、熟练程度和智力水平等，它取决于劳动者受教育的程度、劳动经验的积累和技术进步与经济增长的状况。其中，教育作为提高劳动者素质的主要途径，表现在两个方面：①教育可以把非熟练劳动力培训为熟练劳动力，通过对自然劳动力的加工，提高他们的技巧、灵敏度和熟练程度，从而增加劳动者的智力水平；②教育可以改变劳动者的劳动能力形态，把一个简单劳动力训练成为一个复杂的、专业的劳动力。正因为如此，一个国家民办高等教育的发展状况，会直接影响这个国家的劳动者的素质，而劳动者的素质对于一个国家经济的发展具有至关重要的作用。

民办高等教育产品是培养劳动者道德价值观念的重要手段。道德价值观念是劳动者素质中最重要的方面。道德价值观念有着较为广泛的内涵。1980年，世界道德教育会议将其归纳为四个方面。①社会价值标准：合作、正直、和蔼、孝敬长辈、社会正义、尊重人类尊严及人权和劳动尊严等。②有关个人的价值标准：忠厚、诚实、守纪律、宽容、有条理、襟怀坦荡和进取心强。③有关国家和世界的价值标准：爱国主义、民族意识、和平的公民责任、国际理解、人类友爱、民族间相互依存的意识等。④认识过程的价值标准：实事求是的科学方法、辨别真伪、追求真理和慎于判断等。显然，这些道德价值观念不仅为世界所接受，也是我国劳动者所必须具备的基本素质。可见，通过民办高等教育可以提高国民的素质，降低社会的“维持成本”，有利于社会的和谐稳定，有利于整个社会的可持续发展。其社会收益远远大于接受教育的私人收益。

民办高等教育产品是培养和提高劳动者创造力的重要一环。创造力是劳动者素质中最有价值的部分。劳动者的创造力主要表现在新技术、新思想的提出，也表现在把若干领域的技术成果加以综合利用，创造出新的劳动成果等。对一个国家尤其是发展中国家来说，要摆脱落后，赶上甚至超过发达国家的先进水平，必须具有创造力。所以，从社会经济发展的长远战略目标考虑，提高整个社会劳动者的创造力十分重要。民办高等教育是培养和提高劳动者创造力的重要一环。特别是在“科技是第一生产力”的今天，一个国家经济的发展、民族的振兴，主要得益于知识创新的推动，而民办高等教育在社会发展中的推动作用更为突出。从受教育者角度看，个体消费民办高等教育产品使他受益，使他可以掌握较为先进的科学技术，从而为科学技术转化为生产力创造了条件，也就意味着他具有较强的创新能力。

民办高等教育产品对劳动者健康素质也有很大的影响。由于教育传播了关于疾病和环境卫生的常识，因此一般来说，受过一定教育的劳动者有了必要的保健知识和安全知识，患病、负伤或致残的可能性会小一些；而未受教育的劳动者缺乏必要的保健知识和安全知识，在相同的条件下患病、负伤或致残的可能性将会大一些。受教育者由于较易接受科学知识，因此也容易听从医生的劝告，并且在饮食起居等生活方式方面也更符合科学。这些都有助于受教育者个人身体素质的提高。此外，从提供教育角度讲，投资于教育不仅使教育产业有较大发展，也可以带动相关产业的发展，如服务于教育的商业出版印刷业、房地产业等。所以，无论从哪个角度看，教育的受益者绝不仅是受教育者和高等院校本身，更是全社会。民办高等教育在培育人力资本方面发挥着重要作用，有助于社会教育公平的实现。公平是人类追求的永恒目标之一，而教育能显著地改善人们的生存状态，提升自身价值，因而被视为实现社会公平的最有力的武器。教育公平是社会公平在教育领域的延伸和体现，它不但是人类一种美好的社会理想，也是各国教育制度和教育政策的基本出发点之一。

综合来看，由于民办高等教育产品在培育人力资本、增加社会产出、提高社会福利以及实现社会公平方面发挥着举足轻重的作用，因此个人消费民办高等教育产品具有极强的外部性，有外溢效应。接受这类教育服务不仅能增加消费者自身的人力资本，带来较大的私人收益，还能通过消费者的劳动、知识创新、文化传播等功能增加社会收益，为社会、为他人带来好处。由此看出，民办高等教育提供的教育产品在消费上既有较强的竞争性和排他性，又体现出较强的正外部性。因此，民办高等教育产品是具有较强消费正外部性的私人产品。消费民办高等教育产品的社会收益远大于私人收益，使该产品成为准公共产品。

2.2.2　民办高等教育的营利性分析

笔者认为，民办高等教育的营利性是指民办高等教育的经营者通过自身的经营努力、合理组织学校的内外部资源以及加强管理等实现民办高等教育的较高办学结余，而且将办学结余的一定比例在民办高等教育的投资者之间予以分配。营利性民办高校的所有者是其举办者，可能是投资者，也可能是人力资本所有者，不管是谁，所有者都拥有学校的剩余索取权和剩余控制权，有权处置学校的剩余利润。民办高等教育能不能营利一直是个有争议的问题。我国政府对此有严格的限制，在相关的法规、文献中反复重申了“不得以营利为目的”。笔者认为，在目前特定的历史阶段，应该允许民办高等教育投资营利，获取收益。以下几个角度可以说明民办高等教育投资是可以营利的。

1.民办高等教育产品的私人性质决定营利性

前文分析表明，在产品性质上，民办高等教育以提供私人产品为主。一般来说，具有公共产品性质的教育服务要靠财政的拨款，而私立高校不提供具有公共产品性质的教育服务。也就是说，私立高校提供非公共产品性质的教育服务，包括私人产品性质的教育服务和准公共产品性质的教育服务，那么与经济社会发展有着直接密切联系的民办高等学校所提供的教育服务更具有私人产品性质和准公共产品性质。私人产品的特征是消费的竞争性、服务的独占性与利益的排他性，实行按单位产品成本收费，谁享用谁付费，多享用多付费，反之亦然。

实际上，教育产品的性质与教育的经济功能是紧密联系在一起的。教育对经济的功用越强大、越直接，其所提供服务的私人产品性质就越浓厚；反之，教育服务的公共产品性质就比较突出。对教育的经济功能一般有三种层面的理解：①教育适应并推动经济的发展；②教育活动本身应当是经济的，也就是说教育活动应当讲究效率；③教育活动本身具有营利性，要赚取利润。发挥这些功能必须具有相应的条件，如产品较浓的私人性质，面向市场配置资源等。私立民办高等教育在客观上具备了这些条件，但在理论上存在争论，争论的焦点是民办高等教育为公益事业，不应该营利，更不能以营利为办学目的。公立高等学校所提供的教育服务属于准公共产品，只具备前两个层面的功能。

2.民办高等教育的市场配置资源因素

产品的性质决定了资源的配置方式。资源配置方式至少包含三个方面的含义：配置主体、配置的原动力以及配置的决策方式。私人产品通过市场配置，民办高等教育的私人产品和其准公共产品性质，决定了民办高等教育的资源配置主要由市场配置，供求由市场调节。其配置主体是市场主体——非公企业、受教育者个人及其家庭；配置的原动力是民办高等教育市场产生的需求；配置的决策方式是分散决策、自主决策。教育资源的配置在内容上主要有两个方面：教育资源被利用的总量；微观教育单位教育要素的投入和组合必须考虑效益的高低。有利于学校加强科学管理，合理地重新组合各种教育要素，提高教育资源使用效益。在民办高等教育发展中，市场机制在资源配置方面的作用极为明显，政府只通过学费标准的掌握对民办高等教育进行间接控制。公办高校因为政府的大量投入，在资源配置上以政府计划为主，受政府拨款或补助的直接控制，学费调控占次要地位。市场机制主要在资源配置和使用中发挥作用；至于在教学、科研等具体工作中，教育规律应起决定性作用。

民办高等教育资源的市场配置机制有两种方式，即间接的市场配置机制和直接的市场配置机制。前者表现为通过劳动力市场的供求变化配置民办高等教育资源，后者通过收学费（有限的教育供求价格）直接利用社会资源。公办高校与民办高校在资源配置上的差别主要在于，公办高校实行的是部分成本收费，另外一部分成本由政府财政拨款予以补偿和调节；民办高校基本上采取全额成本收费，政府资助极少，主要通过出卖教学服务、研究和咨询获得收入，因此经费权掌握在无数消费者个人手中，这是一种十足的市场配置模式。

市场模式的主要优点是它可以不断地刺激学院和大学，使其适应不断变化的经济和社会状况。那些不能吸引学生或研究经费的院校会因收入不断减少，最后面临崩溃。这种适者生存、不适者淘汰的方式可以促进民办高等教育的发展。由于受市场激励作用和市场供求对资源配置信号作用的影响，因此在资源的使用效率方面，民办院校比公办院校要高。

3.民办高等教育的自主办学与经营因素

为了适应市场配置资源的需要，民办高等学校在内部管理体制和运行机制上必然会做出调整，直接面向市场自主办学，实行科学管理和有效经营。在产业发展的新体制下，民办高等学校是一个真正的办学实体和主体，有独立的法人地位。在提供民办高等教育服务时，民办高等教育更多地使用价格体系，实行全额成本收费，遵循成本效益原则，不断改善办学条件；有较充分的办学自主权和经营权，及时依据市场需求、学校发展的需要和效益原则设置与调整机构、专业、配置资源；拥有独立的人事任免权和利益分配、经费支出、教学管理、招生等方面的权力，通过建立系统的、健全的激励竞争机制、约束机制、调节机制，确保学校教育目标和发展目标。民办高等教育是一种不同于公办高校的办学形式，具有依赖市场配置资源、自主办学的特点和优势，不断创新民办高等学校的组织管理、产业经营、机制以及体制。

公办高校因为接受政府的经费拨款，很难避免政府的直接控制。宏观与微观之间的隔阂、鸿沟与差距必然限制公办高校对市场和社会发展的敏感性，公办高校的发展和变革受政府和市场两方面力量的影响，如果力量不同向，加上政府本身对市场反应不灵敏，必然导致公办高校在办学机制的创新方面落后于民办高等教育，从而降低公办高等学校的竞争力。传统的人力资本理论的缺陷之一，就是它忽视了人力资本在发明新技术和推动经济组织内部创新实践方面的作用。后来的研究表明，教育收益不仅受技术的影响，也和信息、意识形态、政治权力、财产权、工作场所的公民权以及组织不断创新的意愿有关。在短短二十年特别是近十年的时间内，民办高等教育得到如此迅速的发展，成为我国高等教育事业的一支重要的力量，这种发展与民办高等教育的机制、制度和思想创新有关，尤其与其超前于公办高校的经营理念、产业的运作机制和制度有关。民办高等教育的教育股份制、以学养学、以产养学、合作与合资办学等全新的办学模式都充分赋予民办高等教育巨大的经济价值和社会效益，使民办高等教育产业日趋成熟和发达。

4.民办高等教育的资本运作与积累因素

民办高等学校经营的一个重要方面是教育资本的运作和管理——理财。在资本市场中，利率是资本的价格。个人和非金融机构以两种方式提供资本：①将资本存入银行，由银行借贷给厂商，获取稳定的利息收入；②将资本投入厂商，以获取有风险的利润。投资者在决定是否将资本投入厂商时，要对资本的收益与利率进行比较。只有预期的利润率高于利率时，他们才会投资。资本的本质是寻求最大利润，实现资本的增值和扩张。私人资金或资本作为个人拥有的一种生产要素，在运用时应当取得相应的报酬，这是个人对自己拥有的生产要素的运用，由此取得的相应报酬是有根据的，也是合理的。

民办高等教育的产业发展是离不开资本的。学费和民间企业投资是民办高等教育可以筹集资金的主要来源，是学校长期发展的资金，即资本。为了维持学校的正常运转，并尽可能提供高质量的教育服务，要求投资人和民办高等学校办学者不能让资本贬值，投资人和办学者的投资与办学应该获得至少不低于利率的收益，这应该说是资金的正常和合理的成本。在法律上对个人以营利为目的的办学限制，是基于民办高等教育具有公共产品性质的一面，对民办高等教育私人产品性质的一面则有所忽视。在这方面，如果用公办高校的标准来管理以提供私人产品性质为主的民办高等教育，政府计划调控过多地干预市场在民办高等教育资源配置中的作用，那么就会影响私人投资兴办高等学校的积极性。

我们既反对机械地照搬企业的经营方式发展民办高等教育，也不赞成用公办教育的思想观念去约束民办高等教育发展中的经济行为。民办高等教育维持性资金主要通过收缴学费获得，在保持适度办学规模的前提下，如果财务制度健全、管理规范、合理开支，那么按成本收费基本上可以保证民办高等教育的正常开支，实现和保持办学资金的收支平衡。但是，为了适应经济和社会发展的需要，学校自身需要发展，要扩大规模，提高质量，资金从哪里来？除了私人投资、通过资本市场融资和金融机构借贷等渠道，最主要的还是要靠民办高等教育自身的资金积累。通过开源节流、增收节支、盘活存量资金和流量资金、科学理财、高效运作资金，实现收支盈余，不断积累，确保资金增量。

积累是投资的结晶，只有积累才能形成资本。有了这些资本，民办高等教育才可以在原来的基础上扩大再生产，实现规模的扩张和办学质量的提高。民办高等教育的积累，是从办学的盈利中提取的，而办学的盈利依靠科学理财获得。因此，民办高等教育积累的过程也是学校经营和管理的过程，是以降低办学成本、提高办学效率为前提的。当然，民办高等教育依靠收缴学费实现办学经费的收支平衡也是对学校的经营，但是这只是一种最低程度的要求和一般效果。如果经营不善，资不抵债、入不敷出，出现亏损，学校就会倒闭。因此，管理经济学认为，管理出效（利）益，经营有经济价值，才可以产生利润。从诞生之日起，民办高等教育独特的经费收入结构——以学费为主要甚至是唯一的经费来源，就决定了它们在办学过程中始终坚持大学经营理念，在实现专门人才培养目标的前提下，能获得一定的办学盈余。

如果没有滚雪球式的办学积累，民办高等教育就难以有今天这样的浩大声势。有观点认为，“既然民办高等教育办学有节余，不如降低学费，减轻受教育者负担，确保和提高民办高等教育的公益性”。这种看法是错误的。长期没有利润的商品会丧失投资价值，会造成生产厂商的亏损，最终导致此类商品的短缺。上述观点抹杀了合理经营民办高等教育的经济价值及其激励功能，忽视了民办高等教育产品的非公共性的含义，是对民办高等教育生产性和产业属性的否定，是对办学者劳动价值和成果的否定。

公办高校尽管获得政府的财政拨款的资助，但也存在一个积累的问题，这些积累从何而来？政府的拨款一般只占高校经费收入的50%左右，仅依赖政府的资金不足以维持公办高校办学所需，只能通过其他渠道创收而来。在创收的构成上，主要包括学费、教学科研服务收入、校办企业收入、科研课题收入。其中的部分创收用来投入到办学活动中，剩余的部分作为积累，保证学校未来发展的需要。从会计学角度讲，办学的当年节余如果是收入大于支出，应该算作办学的利润。既然提供准公共产品性质服务的公办高等学校的办学活动可以创收，那么以提供私人产品性质服务为主的民办高等学校通过办学盈利也应该是无可非议的，何况民办高等学校的办学经费完全是自己筹集，基本没有获得政府的经费资助。

5. 民办高等教育投资存在高风险

民办高等教育能否盈利，除了受教育的外部因素，如政策、法律、法规、社会认同程度、社会舆论支持程度等制约外，更受教育内部诸多因素的制约。构成教育过程的主要因素有教师、学生和教材。在这个过程中，师生是互动的。教师的知识结构、能力结构、教育观念及非智力因素对教育质量起着关键作用。要聘用一个优秀的教师，投入必然大。当产生效益时，优质的人力资本要求分配的利润相应也大。有了优质的师资，要取得好的教育质量，还必须发挥学生的主观能动性。在整个教育过程中，学生的身心是变化发展的，这就增加了教育过程的复杂性和难度。教育必须尊重、关心学生，以人为本，使学生成为学习的主体。教材更是一个复杂多变的因素。不同教育理论指导下编制的教材，必然导致不同的教育结果。例如，以传统教育理论为指导和以现代教育理论为指导，其结果是不同的。在整个教育过程中，由于教育对象是活生生的人，办学方还承担着学生安全的监护责任。同时，如果教育产品不合格，投资者承担着相应的道义和社会责任，因为民办高等教育投资的结果可能浪费的是一代人，这是物质生产部门所没有的问题。可以说，教育投资与物质生产部门的投资相比，承担着更大的风险。另外，教育周期长，教育投资的回报相应延迟。

2.2.3 民办高等教育公益性及其与营利性的均衡

（1）承认民办高等教育营利性可以更好地实现社会公益性。教育的私益性是相对于教育的公益性而言的。教育的公益性是指教育能够增加受教育者的知识和技能，提升受教育者的综合素质，从而提高全民族的整体素质，进而带来社会经济的持续增长，促进社会的文明进步，增强国家的国际竞争能力。可见，教育的公益性是通过满足国民对教育的需求进而提高国民素质来间接实现的。

教育的私益性是从个人作为教育的消费者角度来说的。个人作为教育的消费者（也是投资者，这种消费行为也是一种投资行为），通过消费教育这种服务来提高自身素质，增加人力资本，从而提高未来获取收入的能力和社会地位，这也是教育服务对于个人的价值。具体来讲，民办高等教育至少可以从以下两个方面给受教育者带来好处。①它给受教育者带来了更多的就业机会。无论在哪种制度的国家或地区，也无论哪个行业，当它选人用人时，总是先要考虑其受教育的程度。这种趋势随着社会文明程度的不断提高和对知识、对人才的重视明显地在加强。②它给受教育者带来较高的收入。比如，两个体格、年龄都差不多的人同时就业，他们因所受教育不同而得到的报酬也会不同，甚至相差很大。越是发达国家，这种差别越大。

民办高等教育产品的消费是一个消费者获得私人收益而国家同时获得社会公益的统一过程。只有提供越来越多的民办高等教育产品，才能更好地实现民办高等教育私人收益与社会公益的有机统一。而要想实现越来越多的民办高等教育产品被提供，则必须承认民办高等教育的营利性。允许民办高等教育营利相对于不允许民办高等教育营利来说，是一个帕累托改进。从增量角度来看，允许民办高等教育营利会吸引追求投资收益的资本所有者参与民办高等院校投资，提供大量的民办高等教育产品。与此同时，捐赠办学者不会因为允许民办高等教育营利而退出办学行列。相反，如果我们不允许民办高等教育营利，追求利润的民间资本就不会进入民办高等教育领域，反而会造成民办高等教育产品的供给不足，严重损害社会公益。从存量角度来看，允许民办高等教育投资者营利并不会减少现存民办高等教育提供的教育产品数量。因为追求营利的民办高等教育和公办高校一样，都是在规模经济上运营民办高等教育。允许民办高等教育营利只可能改变受教育学生的构成，而不可能减少民办高等教育培养学生的数量，民办高等教育不会因为允许其营利就不在规模经济上运营。不可否认，民办高等教育市场化运作有可能造成民办高等教育机会分布差距扩大，但只有市场化运作才能帮助民办高等教育走出投资不足的尴尬境地，从而扩大办学规模，以满足更多学子求学。

（2）注重教育的公益性是营利的前提和基础。以前，人们心目中往往有一种错觉，认为在实行市场经济的国家，只有经济效益是实实在在的，而社会效益则是虚无缥缈的。事实证明，即使在欧美实行市场经济的国家，民办高等教育的社会效益也普遍受到人们的重视。这不仅是因为人们对社会平等的要求特别强烈，还因为没有良好的社会效益，高等学校就不可能有良好的声誉。在现代市场竞争中，声誉就是品牌，其本身就是一种无形的、含有巨大价值的商品。当今世界发达国家的高等学校之所以十分重视其声誉，各类院校都在不同层次上为声誉而竞争，其原因之一就是较高声誉不仅可以吸引更多的优秀学生、优秀教师，还可以获得更多的信任和支持，带来更多的资金，赢得更多的项目，从而得到更高的报偿。只有那些能够满足社会公共利益需求，教育质量高，对人才的成长有促进作用，学校声誉、学生就业前景好的学校，社会团体、企事业单位和个人才愿意投资，才可能有经济效益，否则就吸引不了学生，吸引不到教育投资，教育的盈利和经济价值也就无从谈起。世界一流大学之所以经费比较充足，经济效益较好，就是因为它们能够提供高质量的教育服务，培养出高质量的人才。从来没有一所不注重社会效益的学校能够取得很好的经济效益。市场竞争的压力迫使学校注重社会效益，提高教育质量和学校声誉，以吸引社会团体、企事业单位和学生家庭的投资。因此，有远见的办学者会把主要精力放到教育的社会效益上，而不是经济效益上。

（3）承认教育的营利性在某种程度上有助于教育质量的提高。有人担心办学主体多元化，企业资本或私人资本进入高校后会不顾一切地从学生身上捞钱，从而影响教育质量。对此，与东北师范大学合作创办新校区的宏达集团董事长郜洪义却另有一番高见："企业追求的是利益最大化，我们不是慈善家，我们看好教育这块市场"，但"我们最关心的是学校的教学质量和学生的生活感受，如果招不到学生，所有的设想都将白费"。无独有偶，美国诺贝尔集团教育执行官方塔娜在接受《中国教育报》记者采访时也强调："在公司利润最大化和教育质量最好之间，两者是一致的，只有提供最好的教育质量才能实现利润的最大化，对利润的追求反而可能成为提高教育质量的动力。如果没有一流的质量就没有好的、丰富的生源，利润的实现也就落空了。"

因此，承认教育的营利性，不会改变教育的根本属性。那种一提营利性，就会把教育变成一个赚钱的机器，把学校办成商业机构，变成有才无钱莫进来的学店的担心是多余的。一所学校只有满足了社会的公共需要，有良好的社会效益，才有可能得到经济效益。不讲社会效益，很难保证有好的经济效益。改革开放以后，确实有过一些民办高等教育以营利为主要目的甚至是唯一目的，置教育质量、社会效益于不顾，但最终难逃被市场淘汰的命运。

我们提倡民办高等教育市场化运作，目的是建立投资收益的运行机制，改变民办高等教育既要无偿提供教育服务。又需靠施舍救济的局面，实现民办高等教育的可再生产和扩大再生产。当然，教育产业的营利性与其他产业有所不同。即使收费，也不能为了营利而弄虚作假，降低教学质量。这就如同市场经济中企业提供商品以营利为目的但不能提供劣质产品一样。因此，强调民办高等教育营利性与强调教育的社会公益是统一的。亚当·斯密“看不见的手”的原理会很好地协调了民办高等教育的营利性与公益性问题。

2.3 民办高等教育投资风险评估研究现状

对于民办高等教育风险的研究，始于民办高校倒闭、退出机制等。后来研究者从风险的分类和性质等方面不同的角度进行了较为深入的分析。

2.3.1 社会认可度角度

从社会认可程度和内部因素出发，分析民办高等教育的办学风险，典型代表有周国平（2006）等。他们对较多的民办高校倒闭的现象中分析认为，社会、政府乃至家庭对民办高校存在着认识上的偏见，存在着多余论（认为民办高校存在的必要性不大，是多余的，只要把公办学校办好就行了）、冲击论（认为举办民办高校冲击了公办高校，如就业等）、盈利论（认为以办学之名行赚钱之实）、怀疑论（对民办高校持不信任态度，对其办学能力表示怀疑）以及过渡论（认为随着公办高校的发展，民办高校就没有存在的必要）等观点。这“五论”的存在对于民办高等教育的可持续发展影响非常大，并从内部因素如办学质量、管理因素、规模扩张、环境认识以及办学者个人素质等出发，对办学的风险进行了简洁的评论。

2.3.2 民办高等教育自身内外角度

以民办高等教育自身为对象，从内部和外部两个方面来研究，把风险进行分类，给出对策。例如，金利娟等（2005）从内部风险和外部风险两个视角来探讨，并对教育投资风险给予界定，认为教育投资风险是一定的经济主体为了获取未来一定时期不确定的效益而将现期拥有的资源转化为教育资本。内部风险主要是项目投资、经营、教学和财务管理等风险，外部风险则为政策风险、法律风险、竞争风险和外部关系风险等。而李钊（2007，2009）从办学规模的扩张性、办学目标和结构的趋同性、资源配置的市场依赖性对民办高等教育的风险进行了较为深入的探讨，并把风险分为系统风险和非系统风险两大类。

2.3.3　民办高等教育需求角度

从民办高等教育需求角度来进行投资风险分析，如曾小军（2009）从需求价格弹性角度进行分析，认为可以从差别化收费降低民办高等教育的风险。邬大光等（2005）从目前存在的民办高校与公办高校、民办高校之间的竞争出发，把民办高等教育投资风险分为经济风险、政治风险、管理风险、经营风险、财务风险、生源风险以及竞争风险等几个方面，并进行了较为详细的阐述。

2.3.4　宏观环境层次及民办高等教育承办者角度

张剑波（2007）、刘颂（2008）、李钊（2008）以及张林（2010）等认为，由于受法规政策、市场、管理等多种因素的影响，我国民办高等教育迅速发展的背后也凸显出不容忽视的风险问题。在这些风险中，从宏观环境方面来看，值得关注的主要有政策（制度）风险（主要从产权、退出机制等角度）、市场风险（包括生源市场风险、办学市场风险、就业市场风险）；从民办高校层次来看，主要包括财务风险、管理决策风险、教育质量风险等。而且，他们认为这些风险处于不停地运动和变化之中，一旦事件发生，就会给民办高等学校带来损失，甚至会引发学校的倒闭。因此，剖析这些风险与症结，对于防范和化解办学风险、促进民办高等教育健康发展是十分必要而又非常迫切的。

2.4　民办高等教育投资决策研究现状

2.4.1　高等教育投资问题研究

唐斌（2008）以及蒋海云（2005）等学者对高等教育投资从主体多元化角度进行了分析；而陈晓红等（2003）则认为高校能够而且可以进行股份制改造；张捷（2000）从融资角度提出高等教育应该发展公债的观点；周光强等（2002）、于振梅等（2002）、张阳（2003）等研究者，分别从不同视角就高等教育如何筹融资问题进行研究，均认为高等教育应该从多方面筹融资。可以说，高等教育投资问题研究基本上是在探讨高等教育如何进行多元化筹集资金的问题，没有系统性的研究，也未形成理论。

2.4.2 民办高等教育投资机制研究

关于民办高等教育发展的基本问题，冯军（2003）等人从投资角度对民办高等教育发展的原因进行了探析；黄艳、王蕾（2008）则对我国民办高等教育的投资现状进行了分析；陈婕、高霞莉（2008）等人对我国民办高等教育不同的发展阶段进行了划分，并阐述了其投资特征；袁怡琴（2006）通过对现阶段中国民办高等教育定位问题的研究，进一步探讨了民办高校投资的性质；袁利宁（2007）、姚兰（2007）等对中国民办高等教育的需求市场进行了研究；马玉梅（2006）、宁本涛（2003）、史秋衡等（2002）、陈秋苹（2003 ）、吴开华（2001）等从民办高等教育产权角度，对民办高等教育的投资政策、机制等问题进行了分析；任芳（2007）、林琳（2007）、赵丽娟（2005）等人从投资模式、融资方式等方面对民办高等教育投资进行了研究；王海霞（2007）从我国民办高校办学教育成本的角度进行了研究；刘耀胜（2005）、杨华（2006）则从民办高等教育投资效益、财务管理等角度进行了研究。实际上，我国民办高等教育发展历史并不长，仅有 20 多年，因此对于民办高等教育发展的相关研究较少。目前关于民办高等教育的投资机制也不成熟，系统性较差。

2.5 本章小结

本章主要在结合民办高等教育相关属性的基础上，对民办高等教育投资研究的相关理论基础进行了分析。从风险投资决策的概念以及本研究中可能用到的风险投资决策方法开始，较为详细地分析了我国民办高等教育产品的属性，即私人属性和准公共产品属性，并根据这两个属性进一步阐述了民办高等教育营利的合理性，强调在营利的同时要兼顾公益性原则，并进行了定性分析。然后，从我国的实际情况出发，对我国民办高等教育存在的风险现状进行了描述，并总结了目前主要的几种风险类型，分别为民办高等教育经营管理风险、民办高等教育财务风险、民办高等教育政策风险以及民办高等教育市场风险。

第 3 章　我国民办高等教育投资模式、主体及机制分析

随着社会经济发展对高等教育的需求，我国民办高等教育复兴发展，逐步壮大。民办高等教育无论在缓解升学压力、满足社会需求、提高国民素质、促进市场经济发展，还是推动高等教育办学体制改革和提高高等教育质量等方面，都做出了积极的贡献，已成为我国高等教育体系的重要组成部分。大力发展民办高等教育不仅是我国经济社会发展的必然选择，是我国实现高等教育大众化和普及化的必然选择，也是我国大学走进世界一流行列的必然选择。但由于我国民办高等教育资金来源渠道单一，在很大程度上限制了民办高等教育事业的进一步发展。解决民办高等教育资金困难问题，必须建立完善顺畅的投资机制，调动投资办学和捐资办学的积极性。本章节对我国民办高等教育投资模式、主体及机制展开分析。

3.1　我国民办高等教育投资模式分析

依据不同的标准和条件，国内理论界对民办高等教育的发展模式有多种不同的分类方法。按不同标准划分，民办高等教育投资发展模式主要有以下类型。

3.1.1　按投资主体划分的发展模式

从投资主体的形式划分，以国内民办高校教育较发达的广东省为例，民办普通高校大致可以划分为四种办学模式。①公有民助模式。例如，民办南华工商学院的办学主体和投资主体是广东省总工会，广东省总工会是一个特殊的社会团体，故办学模式可视为“公有”，办学经费主要是通过收学费来保障，可视为“民助”。②民办公助形式。例如，民办培正商学院的投资主体是培正校友会，主要依靠境外广大校友和热心教育的人士投资办学，花都区政府无偿提供 26.67 公顷办学用地。民办潮汕职业技术学院、民办新安学院也可归入此类。③民办民有模式。例如，私立华联学院、民办白云职业技术学院的投资主体均为民间自筹资金。④校企联办模式。如华南师范大学康大学院、广州大学松田学院等。

3.1.2 按组织性质划分的发展模式

民办高校按组织性质可以划分为营利性高校和非营利性高校。同样以广东省为例，民办高校大多数是非营利性高校，如南华工商学院、培正商学院等。这些学校可以获得数目可观的大量捐赠，为学校的运作源源不断地提供资金。虽然政府的直接资助所占比重不大，甚至没有，但是国家给予了学校很多优惠政策。例如，花都区政府无偿提供 26.67 公顷办学用地给培正商学院，在以后再征地过程中又采取了一些优惠政策。可见，这些高校得到国家的直接补助很少，但从相应的优惠政策中受益不少，这是一种间接补助。在这种情况下，学校只能采取非营利性发展模式。广东私立华联学院是经国家教育部批准的一所具有颁发学历文凭资格的普通高校，采取营利性民办高校发展模式。在发展过程中，学校提出了搞教育股份制的设想，制定了《私立华联学院股份制章程》，并付诸实施。在学校产权的界定方面，该章程规定学校全部资产由个人或团体集资入股组成，并由本校全体股东享有平等股权，利益共享，风险共担。学校实质股权结构分为法人基金股、创办人股和普通股三大类，股权初始比例分别为 30%、25%、45%，学校三类的股份红利每年发放一次等。

3.1.3 按照投资运行机制划分的模式

按办学的运行机制，将民办高校划分为以下四种发展模式。

（1）注入式。这种模式的特点是以市场机制作为配置教育资源的基础性手段，以大型私营企业、企业集团或个人的投资为依托，以高质量办学水平换取市场信誉，通过教育与资本联姻获取民办高校运转与发展的资金和教育市场的份额。其资金的注入方式主要有中外合作式、股份合作式、教育集团运作式、企业集团投资式等。学校的内部管理实行企业化运行管理模式。依据目前我国经济发展的现状和水平，笔者认为这一形式将会成为今后我国民办高等教育发展的主流形式。但值得注意的是，要想使这种模式得以健康持续发展，就应处理好投资回报率与教育公益性之间的矛盾。

（2）改制运作式。这是市场经济体制下一种全新的民办高校办学模式。这种模式的特点是，在保持原学校国有性质不变的前提下，实行学校财产所有权与学校办学法人财产所有权的“两权分离制”，即试行校董分离的董事会领导下的校长负责制。从实践来看，改制运作模式能够促使民办高校在一个较高的起点上发展，如浙江万里学院就是公立大学改制的成功范例。学校改制以后，在国家未增加任何财政投入的情况下，通过以学养学，办学规模不断扩大，获得了很好的社会和经济效益。

（3）附属再生式。这种模式也就是我们常讲的国有民办二级学院。这种模式的特点是，利用原国有高校（母体）在多年办学中积淀下的无形和有形资产（如声誉、师资、校园基础设施、图书资料、实验室等），利用国家对民办高校的优惠政策，采取民办高校市场化的运行机制，独立于母体高校，自主办学。按产权来界定，这类学校又可分为三种类型。①单一国有型。由国有普通高校、国有企事业单位独立投资创办的国有民办二级学院。②完全民办型。完全依靠社会力量（主要是社会各类组织或公民个人）创办的国有民办二级学院。③混合型。通过采取类似企业股份制形式投资合作设立的国有民办二级学院，投资双方的利益与风险依投资的比例共享和分担。目前，国内民办高校主要以“公立大学与国内民办大学合作设置型”的方式办学。国有民办二级学院是目前世界上最为流行的一种民办高校类型，其最大的优势是充分开发和利用公立高校闲置的资源，解决了长期困扰民办高校因基础设施投入不足、办学条件有限而难以扩大规模的问题。

（4）滚动式。这种模式的特点是，单纯依靠收取学费来维持学校的运转和发展。这种模式在民办高校创建初期比较普遍，但实践证明，单纯依靠学费收入的滚动难以创办具有相当规模的学校，这种模式不能代表民办高校发展的方向。

3.2　我国民办高等教育投资主体分类及动因分析

3.2.1　政府对民办高等教育投资的态度——基于高等教育资源补充的视角

经过30余年的发展，我国民办高等教育的规模和质量都有了显著提升，已成为培养人才和促进我国经济发展的重要源泉之一。同时，我们应该清醒地认识到我国民办高等教育繁荣背后的危机：民办高等教育还处于配角地位；民办高校办学实力不强，社会认可度不高；民办高校分散经营，各自为政，没有整体优势。究其原因，很大程度上是由于经费不足，经费问题已成为制约我国民办高等教育发展的一个根本性问题。根据高等教育成本分担理论和民办高等教育的准公共性质，民办高等教育是一种公益事业，属于准公共产品。以“谁受益谁付费”为原则，民办高等教育的成本理应由政府、社会、民办高校和个人等各方共同来分担。已有研究表明，无论发展中国家还是发达国家，民办高等教育经费的主要来源不是政府，而是学生。但我们必须认识到，作为最为理性、最能把握全局的一个特殊的受益者和成本分担主体，政府的资助和直接的政策扶持只是作用于民办高等教育经费筹集的表现形式之一，政府还可以通过对其他三类主体的政策引导和法规引导，促使其加大民办高等教育经费的投入（见图 3-1）。

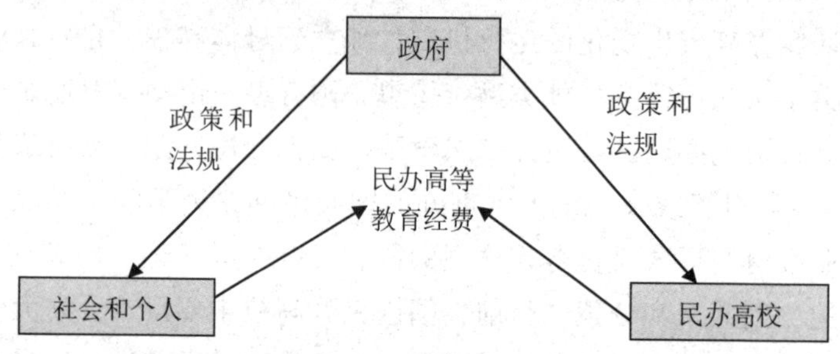

图 3-1　政府在民办高等教育经费扶持中的定位

由此可见，政府扶持的水平和力度将直接决定民办高等教育经费能否得以满足，进而影响到我国民办高等教育的发展和高等教育大众化的实现。近年来，国内越来越多的学者开始致力于研究民办高等教育经费的分担和筹集。在研究相关文献的基础上，发现国内学界对民办高等教育经费的研究主要是从经费的分担主体、政府的资助和政府对民办高等教育发展的扶持等方面进行，很少有从政府在民办高等教育经费筹措中的重要作用入手进行研究的。

从政府的角度看，应加强政府对民办高校的经费支持。目前，我国的国情是高等教育经费投入不足，政府对民办高校的经费投入很少，这既不利于调动民办高校办学的积极性，也不利于形成公、私立高校间的公平竞争氛围。一方面，政府应将发展民办高校的责任作为其对整个高等教育责任的一部分，给予民办高校一定的资金。另一方面，给予间接资助，采取相关的减免税收、发放低息贷款等政策。在经费有限的条件下，政府可先重点考虑资助少数发展态势好、教育质量较高的民办高校，资助的内容以学校的教改和科研为主，从而以点带面，增强民办高校之间的竞争性，最终促使民办高等教育整体质量的提高。

政府资助是国外发达国家民办高校的重要经费来源之一，也是国家调节民办教育发展的一个杠杆。我国目前限于财力不足，加上公私属性等问题的困扰以及政策的限制，总体上缺乏政府资助民办高校这一有效手段。

3.2.2　办学主体（出资者）的投资目的分析——营利与公益的双重视角

社会对高等教育的成本分担在中国主要表现在靠民间资本投入下的民办高等教育的出现。中国民办高等教育的出现是高等教育投资制度变迁的要求，适应了市场经济的发展，缓和了目前高等教育的供求矛盾，为我国高等教育事业乃至整个国民经济建设和社会发展做出了较大的贡献。中国民办高等教育的投资主体主要是有经济实力的个人和企业。

目前，关于教育领域是否应该允许营利性机构的存在还没有结论。而在实践中，美国等一些发达国家已经允许一部分营利性教育机构存在。1999—2000 学年，美国共有 677 所可以颁发学位的营利性高等院校，其中四年制的 194 所、二年制的 483 所，分别占四年制和二年制可颁发学位高校的 8% 和 28%。在不颁发学位的 4 985 所高等教育机构中，营利性机构成为主流，达 3 704 所，而且营利性高等教育机构发展非常迅速。著名比较教育学者 Rutherford 在对美国等国家的营利性高等教育机构的发展进行分析后认为，营利性高等教育已成为一个重要的全球现象。在基础教育领域，由政府提供经费是公立学校非营利性的重要理由，但这些理由也受到了挑战，因为政府提供教育并不一定意味着直接办学，只要教育质量能得到保证，也可以由政府提供资金，由营利性或非营利性私人机构办学。Jeanne McClellan 提出的著名的“教育凭证”思想就持这一主张。她认为：“为了对政府所规定的最低学校教育提供经费，政府可以发给家长票证……教育服务可以由以营利为目的的私营教育机构或非营利的教育机构所提供。政府的作用限于保证被批准的学校的计划必须维持某些最低标准。”在美国，实际上已经出现了营利性教育管理机构，它们以特许学校（charter school）与合约学校（contract school）等形式接受政府委托管理公立学校。而且这类机构发展很快，1998—1999 学年有 13 家公司管理约 135 所学校，2000—2001 学年已经有 21 家公司管理约 285 所学校，其中最大的 Edison 教育公司至 2001 年 9 月已经管理了 22 个州和哥伦比亚特区的 136 所学校，学生达 7.5 万名。

我国民办高校是在特定历史背景下出现的，其创办经费基本上靠个人和社会出资，这种出资主要属于投资性质而不属于捐赠。在此情况下，允许部分民办高校按营利性机构运营就更不应该有什么障碍了。我国《教育法》关于“以财政性经费、捐赠资金举办或者参与举办的学校或者其他教育机构不得设立为盈利性组织”的规定，可以认为这是对教育活动的价值取向的一种规定，其实质是要求教育活动应该以“教书育人”为目的，而不能“唯利是图”。从这种意义上说，这种规定显然是合理的。但是，举办教育的目的具有多样性，营利的目的与培养人的目的可以并行不悖。

对于按营利性来考虑民办高等教育，股东驱动模式比利益关系人驱动模式显得简单得多。股东需要的是他们的投资回报。为确保拥有稳定的私人投资，营利性高校必须证明自己有能力让股东从资产净值中获取红利。上市公司经营状况的晴雨表就是股票价格的变化，股票价格上涨，股东就赚钱；股票价格跌落，股东则赔钱。不过，只有当股票真正卖出，赔赚才能发生。当然，影响股票价值的因素常常是复杂的，还有许多公司无法控制的外部因素在起作用，如全球经济趋势及人口变化等。这些因素势必增加公司经营的不可预测性，从而给股东的投资增加风险。只有当投资者有信心时才会购买股票，而投资者的信心是一个复杂的综合问题。不论怎样，营利性高校虽然面对的是众多的股东，但他们都是股东，利益是一致的。

声望可以说是非营利性高校的生命线。有了强大的声望，就有了经费保障，就有资格吸引到一流的教师和学生。绝大多数非营利性高校对新闻媒体等发布的大学排行榜十分重视，认为是获取声望的一种重要途径。为了获取声望，非营利性高校除了注重教师质量、学生质量、科研水平等因素外，还会积极寻求各种途径达到这一目标。

营利性高校在声望与利润两者之间更加关注利润的获取，而且在判断学校声望的三大传统因素（教师质量、学生质量和科研水平）中，营利性高校都不占优势。但它以自己在市场中的合适定位，满足了学生消费者的需要，从而获取了利润。

3.2.3 家庭对民办高等教育的投资分析——基于消费主体视角的高等教育投资

1.家庭的社会职能与民办高等教育投资意愿

家庭是人类再生产的基本单位，家庭、学校、社会共同构成劳动力再生产体系，劳动力的再生产成本包括子女后代的抚养与教育费用。教育是家庭的重要功能，学生是没有收入能力的群体，需要由学生负担的教育成本实际是由家庭负担的。因此，家庭关系、家庭与社区、家庭的人口结构与负担能力都会对民间高等教育投资产生影响。

家庭是一个历史的范畴，是在历史与文化发展中不断积淀形成的。家庭“起初是唯一的社会关系”，后来由于需要的增长产生了新的社会关系，当人口的增多又产生了新的需要的时候，家庭才成为从属的关系。家庭本来是两性关系的一种组合形式，是以血缘关系来维系的，而血缘关系是婚姻关系派生出来的，是婚姻关系的延续。在我国长期的封建社会里，人们赋予血缘关系的社会价值比婚姻关系更高，家庭和家族就成了一个复杂的社会关系体系。

家庭是一个内群体，又是人际交往的初级群体。家庭成员组成一个利益共同体，在家庭内部强调的是无私、奉献、利他、和睦、谦让、各尽其职。尽管家庭内部也有矛盾与冲突，有利益与情感的协调，但当遇到外部挑战的时候，家庭成员总是一致对外的，所谓“打虎亲兄弟，上阵父子兵”。所以，在我国传统的家庭中，对整个家庭有利的、对家庭成员有利的事情，一个家庭就会动员全部资源用于这样的活动，许多时候家庭的其他成员是不惜牺牲自己个人利益的，有时甚至是生命。一般说来，家庭越小，内向性越强；血缘关系越近，内向性越强。随着社会的发展，我国的家庭规模在逐渐变小。目前全国家庭平均规模为3.64人，以两代家庭最多，多代家庭已经很少，因此家庭的内向性更强。

人口再生产的费用是由家庭支付的，与西方文化传统不同，我国子女对家庭的依赖度比较高，虽然到了成人年龄，但在有稳定收入之前，子女的高等教育费用仍主要由家庭负担。西方人口经济学认为，父母抚养、培育孩子是因为孩子对父母具有社会的、经济的和心理的价值，因而父母愿意为子女投资。这样的研究未免过于庸俗，过于功利，但在一定意义上也反映了家庭关系的另一个侧面。我国父母愿意承担子女高等教育费用的原因有以下几点。

（1）高等教育对子女发展是十分有利的。为人父母总是把子女的成长和发展作为自己的头等大事，所以父母总是尽最大可能为子女教育投资。

（2）接受高等教育是一种投资，可以期望将来投入工作后得到超过投资的回报。父母在子女身上增加教育投资，就可以在未来增加子女的收入，减轻父母的经济负担。当父母退出社会生产进入养老的时候，子女可以有更强的能力赡养父母。

（3）为子女进行教育支出是一种社会责任。为子女进行教育投入是社会伦理道德的要求，只要子女要求，社会压力都会促使父母尽最大可能为子女进行教育投资。如果违背这样的社会习惯，就会受到社会舆论的谴责。

（4）为子女进行高等教育投资，父母可以获得心理满足。子女通过竞争获得接受高等教育的机会，子女和父母都能有成就感，父母还能得到感情和心理的愉悦。在我国传统文化中，“母以子贵”，子女能出人头地是父母的最大骄傲和宽慰，能使父母在人际交往中受到尊敬，社会地位得到提高。

接受高等教育的另一个潜在投资来源是血缘关系构成的血亲群体的资助。当父母支持子女接受高等教育遇到困难的时候，血亲群体通常是最先提供帮助的。

我国目前高校的贫困生问题相当突出，但困难学生申请贷款的并不多，更多经济困难的学生选择的是向亲属借款而不是贷款。

2. 学生愿意接受民办高等教育的动机分析

（1）学生的意愿实证研究。不可否认，在高校升学时，学生本人的学业能力、家庭经济状况及家长的意愿是影响其升学选择的重要因素。除此以外，升学者个人的需求也是制约其行为的重要因素。为了正确把握学生的升学动机，本研究在调查问卷中设定了 9 个提问项目，采用五阶段尺度（里克特问卷形式），让问卷回答者依据个人的情况依次做出选择，问卷者为 2011 届民办高校毕业生。

图 3-2 显示了调查分析的结果。在本研究中，把“认可 + 比较认可”，也就是做出肯定性回答的以降序排列，可以发现肯定度较高的项目分别为“为了获得大学文凭”（91%）、“为了掌握实用性、实践性职业技能”（85%）、“仅高中毕业就业机会太少”（82%）、“对升学专业有浓厚兴趣”（67%）、“不想太早进入社会”（63%）、“因为高考成绩不理想，没有进入第一志愿大学”（57%）、“周边的朋友多进入了大学”（46%）。相对而言，“学制较短，能在短时间内获得学历”（20%）以及“没有在自己意向的单位成功就业”（10%）的肯定度较低。

上述调查研究的结果表明，学生升学动机是两种力量相互作用的结果。一方面，学生升学选择的背后存在他们对获取大学文凭、掌握实践技能等积极的因素；另一方面，高中毕业就业市场的不景气、高考成绩不理想导致的第一志愿升学失败、不想太早进入社会的社会延缓心理以及对周边朋友升学的从众心理等一些消极因素也是促成学生选择的重要因素。

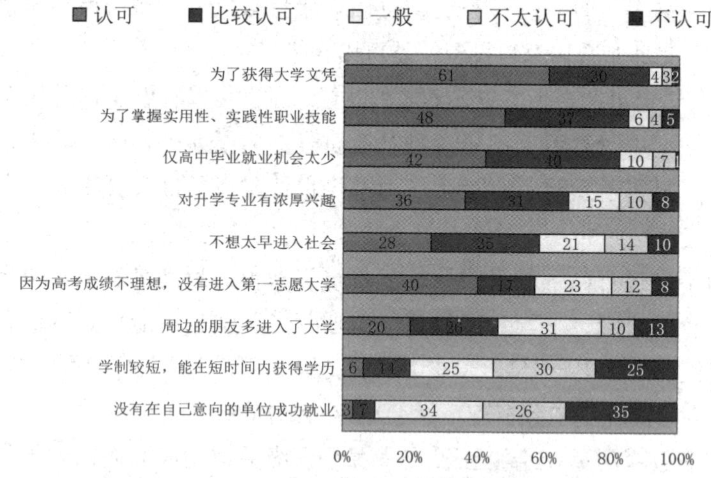

图 3-2　学生民办高校升学动机

（2）学生选择民办高校的意愿结构。以上描述的是通过调查对象对 9 个提问项目的回答，掌握学生选择民办高等教育动机的基本表现，但如何才能从这错综复杂的 9 个变量后挖掘高等教育需求者的需求结构，在本部分内容中将通过探索性因子分析的方法进行升学动机的结构性特征分析。

探索性因子分析方法的基本思想是，通过对变量的相关系数矩阵内部结果的分析，从中找出少数几个能控制原始变量的随机变量 $F_i(i=1,2,\quad,m)$，选取公共因子的原则是使其尽可能多地包含原始变量中的信息，建立模型 $X = A \cdot F + e$，忽略 e，以 F 代替 $X(m \leqslant p)$，用它再现原始变量 X 的众多分量 $x_i(i=1,\quad,p)$ 之间的相关关系，从而达到简化变量、降低维数的目的。

探索性因子分析在确定公因子的权数时，可以避免人为主观因素的影响，比较客观地反映某个公因子在解释所有变量时的比例。

表 3-1 是利用探索性因子分析方法分析后的结果。其中，因子荷载是随机变量与公共因子的相关系数。分析结果显示，利用该方法成功地抽取了 3 个公共因子，分别为“被动适应因素”“应用技能影响因素”和“就业导向因素”。3 个因子的方差贡献率分别为 25.3%、19.7%、18.6%。三个公因子对原有变量的总方差具有将近 63.6% 的解释能力。

表 3-1　学生选择民办高等教育动机的因子分析结果

因子名称	考察项目	因子荷载		
		F1	F2	F3
F1（被动适应因素）	不想太早进入社会	0.760	0.016	−0.012
	周边的朋友多进入了大学	0.726	0.103	0.201
	仅高中毕业就业机会太少	0.548	0.305	0.038
	因为高考成绩不理想，没有进入第一志愿大学	0.485	0.046	0.136
F2（应用技能影响因素）	为了掌握实用性、实践性职业技能	0.105	0.756	−0.116
	对升学专业有浓厚兴趣	0.135	0.663	0.301
	为了获得大学文凭	−0.079	0.566	0.100

（续表）

因子名称	考察项目	因子荷载		
		F1	F2	F3
F3（就业导向因素）	学制较短，能在短时间内获得学历	0.121	0.035	0.809
	没有在自己意向的单位成功就业	0.067	0.129	0.739
	因子贡献率（%）	25.3	19.7	18.6

注：因子抽取方法为主成分方法，旋转方式为 Varimax with Kaiser Normalization。

数据来源：根据问卷调查得到的数据，用统计软件 SPSS 分析后所得，问卷见附录。

F1 由“不想太早进入社会”“周边的朋友多进入了大学”“仅高中毕业就业机会太少”和“因为高考成绩不理想，没有进入第一志愿大学”构成，该因子反映了学生升学选择并非源于学生本人主动而积极的升学欲望，而是由身边的升学市场情势、高中毕业生就业市场的变化以及本人在行动基准上抱有从众心理、在青年期出现的逃避承担成人社会责任和逃避职业选择的心理所引发的。从这个角度看，这种选择可以解释为本人对周边环境变化的一种被动顺应。在这里命名该因子为“被动适应因素”。

F2 由“为了掌握实用性、实践性职业技能”“对升学专业有浓厚兴趣”和“为了获得大学文凭”这三个带有明确升学目标的项目构成。在该因子中，对应用型知识技能学习的欲望和专业兴趣互相结合成为促使学生做出升学选择的重要决定因素。为此，这里命名该因子为“应用技能影响因素”。

F3 由“学制较短，能在短时间内获得学历”“没有在自己意向的单位成功就业”两个项目组成，在这个因子中可以看出一个成人学生或一个具有求职就业经历学生的形象。也可以得出这样的结论：学生把接受高等教育作为自己从事理想职业的一种有效手段，甚至在做出升学选择时，他们自身的迫切感，即希望在尽可能短暂的时间内实现目标的心理，成为他们选择进入民办高校的一个重要砝码。因此，在此命名该因子为“就业导向因素”。

（3）学生选择接受民办高等教育的影响因素分析。接下来本研究将综合学生社会属性、家庭背景、升学需求意愿等多方面因素，考察学生选择民办高等教育的影响机制。表 3-2 显示了基于二元逻辑回归分析模型，考察民办高等教育机构升学影响机制的分析结果。逻辑回归模型要求 0-1 变量，即要求结果为两种情况，发生（因变量为 1）或未发生（因变量为 0）。在分析模型中，将是否选择民办高等教育看作一个二元变量，即选择为 1，不选择为 0，结果发生的模型表达式为：

$$p(y=0)=\frac{1}{1+\exp(\lambda)} \tag{3-1}$$

其中，参数

$$\lambda=\beta_0+\beta_1 x_1+\quad+\beta_m x_m$$

而

$$p(y=1)=\frac{\exp(\lambda)}{1+\exp(\lambda)} \tag{3-2}$$

由上式可得

$$p(y=1)=1-p(y=0)$$

表 3-2　民办高等教育选择的影响因素（二元逻辑回归）

自变量		B	Exp（B）
常数项		0.336	1.44
学生社会特性	性别：男性虚拟变量	-0.579^{***}	0.561
	户籍：城市虚拟变量	0.106	1.112
	毕业高中排序：中等职校 = 1，普通高中 = 2，重点高中 = 3	-1.848^{***}	0.158
	父亲受教育年数	-0.103^{***}	0.902
	母亲受教育年数	0.035	1.035
	家庭收入（取自然对数）	0.739^{***}	2.095
学生升学动机	被动适应因素	0.052	1.053
	应用技能影响因素	0.246^{***}	1.277
	就业导向影响因素	1.015^{***}	2.76
–2 对数似然值		1 370.071	
模型的卡方检验值		652.744^{***}	
自由度		9	
显著性水平：* * * 为 P= 0.01			

数据来源：对问卷调查得到的数据进行整理后，运用统计软件分析所得。

对因变量而言，逻辑模型本质上是一个带参数的二项分布式的模型，x_1，x_2，x_3，…，x_m 为协变量，利用这些协变量刻画研究问题中的各种情况，再由这些协变量构成的线性表达式作为模型的参数对应这些相应发生的概率 $p(y=1)$ 。

升学选择函数中包含的解释变量为抽样调查数据中获得的特征变量。定量变量为学生家庭背景【父母受教育年数和家庭收入（在此取自然对数）】和升学需求（上面论述的因子得分）。定性变量包括学生本人的属性，如性别、户籍所在地、学习能力（用入学前毕业学校代替）。

分析结果显示，学生的个体特征、家庭背景和升学需求对其升学动机有着显著的影响。从学生的个体特征来看，性别与民办升学影响是负相关，即相对女性来说，男性选择民办高等教育的概率较低。从学生的毕业高中来看，学生的学业能力是决定其升入民办高等教育机构还是公办高等院校的重要因素，这个结论与我们的常识性判断一致。从家庭背景来看，分析表明，家庭收入是学生选择民办高等教育的重要动力。在控制了上述学生个体特征和家庭背景的基础上，分析显示，学生升入民办高等教育机构的动机中，专业技能指向和就业指向对学生选择民办高等教育机构有显著的正向影响作用。也就是说，对专业技能知识的追求和就业意识对学生选择民办高等教育有着明显的推动作用。

3.3　我国民办高等教育投资机制分析

民办高等教育投资机制是指在发展民办高等教育事业中，各投资主体在筹措经费过程中所采取的组织、管理和协调方式，即组织运行方式。投资体制是指投资活动运行方式和管理制度的总和，主要包括投资主体行为、资金筹措方式、项目决策程序、建设实施管理、宏观调控和监督制度等内容。“机制”不同于“体制”，机制是一种动态的运行过程，体制则是一种静态的模式。

民办高等教育投资机制一般由主体投入机制、动力机制、吸纳机制和保障机制等几部分组成。民办高等教育的投入主体包括企事业单位、个人、社会、民办高校、学生等，其投入大致有企事业单位和个人的投资、社会和个人的捐赠、民办高校自身投入、学生缴纳的学费等几个方面，当然也有极少数的民办高等教育可获得国家和政府的资助，而学费是最主要的经费来源。动力机制是指投入主体向民办高等教育投资的动力和意向，反映的是投入主体自身利益与民办高校投入活动的内在联系，不同的投入主体投入民办高等教育的内在动力是不同的。吸纳机制主要是指民办高等教育所具有的吸引投资主体投资民办高校的机制。保障机制是形成一定的机制以确保投入的规范化，保障投资主体的合法权益。动力机制、吸纳机制和保障机制三者之间是相互影响、相互制约的有机关系。动力机制主要是从民办高校的外部来看的，吸纳机制是针对民办高校自身而言的，保障机制则是从法律、社会等层面审视如何使民办高校投入的动力机制和吸纳机制之间形成通畅的联系。只有三者密切联系、良性互动方有民办高校的投入“机制”。民办高等教育投资机制是保证民办高等教育健康、可持续发展的基础。本研究主要从政府财政投入方面研究主体投入机制、从产权方面研究动力机制、从多渠道筹措方面研究吸纳机制、从法人治理方面研究保障机制。

3.4　本章小结

本章从高等教育投资的概念及特点出发，引申出我国民办高等教育投资的特点，即投资主体多元化、投资目的多样性等，同时对民办高等教育投资的主要发展模式进行分析，指出不同模式的优缺点。接着，对民办高等教育投资（或管理）的主体进行了分类，从政府层面、办学主体（出资者）层面以及获取民办高等教育的家庭、学生层面进行了定性和定量分析，尤其对学生层面利用统计描述、主成分分析、二元逻辑回归等方法进行投资意愿分析，得出了被动适应、技能导向、就业形式等几个方面是学生愿意接受民办高等教育投资的主要原因。最后，对我国目前民办高等教育投资机制进行了分析，并细化为主体投入机制、动力机制、吸纳机制、保障机制等。

第 4 章　我国民办高等教育的投资成本—效益分析及投资回报率测算

成本是关系到民办高等教育中办学经营状况的重要经济指标，它集中体现了民办高等教育活动中所发生的劳务、资本的消耗及其使用的结果，同时能反映出办学过程中各项资金的支出构成状况。因而，成本在某种程度上反映了民办高等教育的办学条件、运行的效率以及持续发展的水平和潜力：办学的设施设备、固定资产和流动资产、人才的培养效率等均可以从成本上得到一定的显现。民办高等教育的效益则体现了其产出状况，充分体现民办高等教育对社会、个人的贡献如何，达到何种作用效果等。由于民办高等教育的经费开支实际上也是一种生产性投资，它自然也受到一般投资法则的约束，就是以最小的投入来获得最大的产出。与一般的公立高校相比，民办高等教育中政府的介入明显要少，而且经费的来源具有不稳定性，缺口也较大，因此必须借助成本—效益分析，提高投资效率，减少不必要的浪费。

分析民办高等教育的成本与效益，并进行定量测度，旨在探讨民办高等教育盈利的经济根源，从而加深对民办高等教育的成本认识，强化民办高等教育综合效益的观念，并力图引起教育界、投资界对民办高等教育校本收益的关注和研究。

4.1　高等教育成本界定

成本原属经济学的概念，简单意义上来说，生产成本通常是指在一定时期内，厂商为了生产一定数量的产出而用于购买生产要素的总费用。但从经济学和会计学的角度来看，分别具有不同的内涵。比如，会计人员将成本看作厂商在过去的实际支付，重视对以往的经济行为做出评价；经济学家则认为成本是未来收入和机会丧失的综合评价，他们从厂商对未来机会进行选择的角度考察成本。也就是说，现代经济学中的成本概念基本上是机会成本的概念。虽然机会成本在决策中的作用日益重要，而且西方会计学理论已将成本定义为机会成本，但是生产经营过程中实际成本的核算和控制仍然是成本管理的核心，也是提供决策分析所需成本数据的基本来源。基于研究的方便、需要与可能，人们往往将生产成本和机会成本分类或结合起来分析，力图使研究科学、可行和可信，而将成本引入教育领域就形成了教育成本概念。

高等教育成本的概念具有一定的复杂性，其内容构成不容易准确区分，实际操作中成本的计量也有较大的难度。民办高等教育的办学成本是高等教育成本中的一种，是类属关系，因此在对民办高等教育的办学成本展开分析之前，有必要先分析高等教育成本的概念、成本的内容以及成本的计量，这将有助于加深对民办高校办学成本的认识。

高等教育成本既有广义与狭义之分，又有直接成本与间接成本之分，还有个人高等教育成本与社会高等教育成本之分。众多的内涵与外延不同的高等教育成本概念充斥于教育领域，使高等教育成本问题非常复杂。戈登·C. 温斯顿（Gordon C. Winston）区分了三种常用于不同场合的高等教育成本：高等学校培养成本指教育活动施之于单个学生所发生的成本；名义学费指学校向学生征收的名义价格，由于存在折扣，所以名义学费与学生实际支付的数额有所不同，这些费用构成了名义成本；净学费为扣除各种财政资助与奖学金之后，学生事实上所支付的实际费用，其相应费用构成的成本用于衡量学生实际所承担的成本。美国国家高等教育成本委员会也指出至少存在四种含义不同的教育成本概念被使用：学校培养成本、名义学费、参与成本、净学费。其中，学校培养成本、名义学费与戈登·C. 温斯顿的划分相同。而参与成本、净学费各自具有独特内涵：参与成本除了包括学费标价形式的成本之外，还包括学生的住宿费、膳食费、书本费、交通费以及营养费；净学费为扣除各种财政资助与奖学金之后，学生事实上所支付的实际费用。此外，净学费意义上的成本又可以分为两种不同的口径：一种为只扣除那些不用偿还的奖学金之后学生所需要支付的实际费用，该口径包括了贷款（因为贷款需要偿还）；另一种为扣除奖学金和贷款之后，学生所需要支付的现款，表明学生上学所需要的现实经济条件。众多的高等教育成本概念经常被混用于衡量成本的各种场合，引起了成本计量的混乱。

高等教育成本的概念不容易区分，而诸多含义不同的成本概念又进一步引起了成本内容的混乱。关于高等教育成本的内容一直存在不同的口径。早在1952年，布莱克威尔（Blackwell）就推荐根据经费使用对象和经费发挥的相应功能等综合特性进行成本计量，并把教育成本划分为四大类项目，每一大类又分成若干子类。斯万森（Swanson）、阿登（Arden）、斯蒂尔（Still）认为高等教育存在五种功能，并据此把高等教育成本分为五种，分别为教学成本、研究成本、公共服务成本、为学术团体服务的成本、常规支持成本，每种成本项目又可以相应分为若干子类。戈登·C. 温斯顿在其建立的完全成本模型中，把高等教育成本分为教学成本、相应比例的教学辅助成本、相应比例的资本成本。其中，教学成本包括教学与学生服务成本，教学辅助成本包括学术支持、院校支持、固定资产设施运行等内容，资本成本则包括折旧费与机会成本。

2002 年，美国全国大专院校行政事务官员理事会（NACUBO）在《解释高校成本》的报告中，把高等院校成本分为四类，分别是教学和学生服务成本、院校和团体开支、财政资助成本和附加成本（固定资产的机会成本），每一类又可以分为若干子类。

区分成本概念与鉴别成本内容的困难又进一步增加了成本计量的难度。在成本概念不清晰、成本内容不一致的条件下，核算成本或计量成本的准确性与有效性都大打折扣。由此可见，教育成本的难题既涉及概念辨析，又关联内容鉴别，还波及计量的效度与信度。

综上所述，前人的研究在辨析成本概念、确定成本内容、计量成本等方面都有很好的经验与结论，也为后来的研究者提供了有益的借鉴。但是，其中的不足也不可忽视。①众多的研究者并没有意识到，如果不能科学地解决概念辨析、内容甄别、成本计量的问题，那么有效地解决教育成本问题必将是一种不切实际的奢望。鉴于问题本身的复杂性和前人的研究经验，笔者认为应把成本概念、成本内容、成本计量问题三者结合起来进行综合分析，才能深入有效地揭露问题的本质。本章意在分析民办高校的成本问题，在此，对一般意义上的教育成本不做进一步的探讨。②关于我国高等教育成本的研究，主要以普通公立院校为对象，而在分析我国民办高校的成本问题时，大都把民办高校等同于公立院校。

4.2　我国民办高等教育投资成本分析

4.2.1　民办高等教育成本的特点

教育实践的发展使成本问题处于不断演化之中，并要求研究者对此做出更好的诠释。尤其是我国民办高等教育具有强烈的投资办学的基本特征，表明民办高校的成本问题有别于以往的教育成本问题。但民办高校发展的内外部环境和经营管理的压力、动力均有别于公立院校，成本对民办高校的重要性远胜于公立院校。因此，民办高校的成本不应当淹没于普通高校的成本之中，关于民办高校成本的研究也不能被普通高校的成本研究所替代。

基于我国民办高等教育投资办学的特性，并借鉴常见的高等教育成本概念，在此提出民办高校办学成本的概念，并定义如下：民办高等教育的办学成本指在市场条件下，为了保障培养学生的教学活动顺利进行，民办高校为此所承担的相关费用，包括与培养学生的活动相关的所有支出。它们是在办学过程中所消耗的教育资源的经济价值。理解民办高校办学成本的概念，首先必须接受民办高校面向市场办学的现实。民办高校也是一个“生产”类性质的机构，是教育服务市场中的“生产经营者”。民办高校存在投入与成本核算的要求，如果经营有方、管理得当，那么学校可以取得办学剩余，从而增加学校的办学积累；如果经营不当，学校将面临入不敷出的局面，甚至被迫“离开”教育服务市场。因此，讲究办学成本是依赖市场办学的民办高校的必然要求。其次，民办高校的办学成本是与学校从事高等教育服务活动、培养学生的行为相关的各种支出。由于并不是所有的行为都与教学相关，故不能把学校的一切成本支出都作为办学成本。民办高校的办学成本应该严格限制于用于培养学生的支出，学校的其他投资或生产项目的成本支出都不应当被纳入办学成本的范围。

像其他高等教育成本一样，民办高校的办学成本也是发生于高等教育领域的成本支出，具有与其他各种高等教育成本相似的共性。同时，它具有自己的特性，更适用于计量民办高等教育的成本。与其他成本概念相比，民办高校的办学成本对民办高等教育更具有实际意义。民办高校的办学成本是保障学校教学活动顺利完成的开支，其中有些支出似乎并不与学生培养相关，但是若缺少了这些支出，民办高校的教学活动可能受到严重影响，故这些支出实际上也属于学校办学成本的必要部分。招生费用就是一个很显著的例子。招生费用在很多民办高校都是一笔不菲的固定支出，是学校的一笔重要支出，而公立院校在这方面没有支出或支出很少。故一般意义上的高等教育成本虽然可以传递一定的成本信息，但是并不能有效地表达我国民办高校的实际成本。高等教育成本的一般理论虽然对研究我国民办高校的办学成本具有指导意义，但是并不能针对我国民办高校的成本问题提出有效的解决方案。同样的道理，传统的成本核算也不能适应我国民办高等教育计量成本的需要。

民办高校的办学成本还是一个微观的、个性化的概念。①它仅是民办高校的成本支出，是民办高校培养学生这一办学行为的支出，是民办高等教育机构的活动成本，是微观的成本概念。民办高校作为从事高等教育服务的“生产经营”者，既可以通过提高教学与管理水平、提高办学效率等手段实现降低办学成本的目的，也可以通过减少投入甚至牺牲质量达到控制成本的目的。②民办高校办学成本的计量口径不同于公立院校的教育成本。民办高等院校独立收支的经济背景决定了计量办学成本时必须考虑固定资产的投入费用。这种计量口径和公立院校的习惯并不相同。公立院校习惯上只计量日常教学、科研的运行成本，核算成本时并没有充分考虑各种固定资产投入的成本（如忽略固定资产的折旧费用）。民办高校需要自筹资金和资源解决固定资产的投入问题，显然，民办高校不可能像公立院校那样计量办学成本。③民办高校办学成本是发生于学校教学过程中的成本，它和经营管理者的水平与能力、办学投入的总量等密切相关，故不同的民办高校各自的办学成本并不一定完全相同。不同的民办高校各自的投入总量不同、经营管理的水平与能力不同，形成了学校之间办学成本的差异，因而民办高校的办学成本也是个性化的成本。

4.2.2 民办高等教育成本的构成

我国民办高校的投资主要包括两大类：一类主要用于固定资产投入，另一类主要用于维持日常教学活动。每一大类又可以进一步划分成若干子类。据此，结合我国普通高等学校的成本计量习惯，可把我国民办高校的办学成本相应地划分为固定资产投入的折旧成本和日常教学活动的运行成本（见图 4–1）。如此划分，其理由在于：①我国相当一部分民办高校经历了或正在经历建设独立自有校园的阶段，固定资产投入过大，在短期内对学校的办学成本构成了较大压力，是否能科学合理地协调固定资产投入的折旧成本与日常教学活动的运行成本的关系影响着学校的正常发展。②民办高等教育缺乏政府公共资金扶持，资源的有限迫使民办高校必须谨慎考虑支出的结构与比例问题，以保证学校的资源可以满足日常教学与经营管理支出的需要。③把办学成本划分为固定资产投入的折旧成本和日常教学活动的运行成本，有利于克服像公立院校那样不注重核算固定资产折旧的弊端。民办高校自收自支的经济状况要求实行相对完善的成本核算，而把办学成本划分为非营利性投入成本和日常教学活动的运行成本的做法能较好地满足民办高校不断完善成本计量工作的要求。

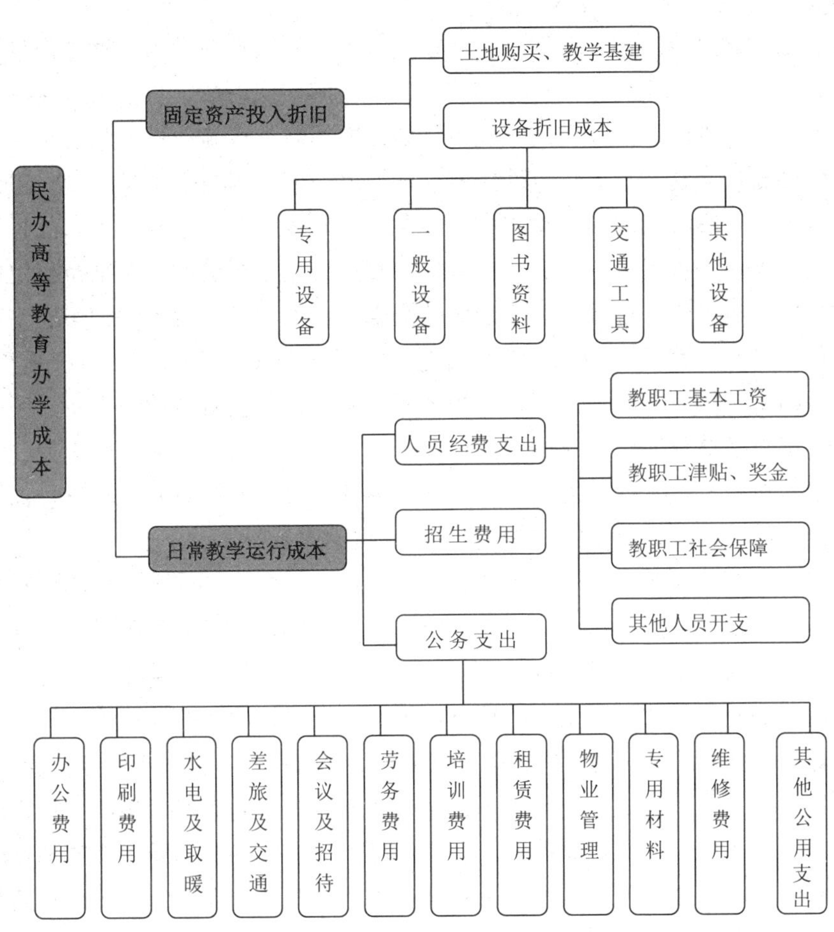

图 4-1　民办高等教育成本构成体系

除了必要的校园与教学设施等条件外，民办高校开展教学活动离不开大量资源，这些被消耗的资源相当于企业的日常运营成本，是学校的经常性支出。由固定资产投入转化而来的折旧成本和学校的日常教学活动的经常性支出一起构成了民办高校的办学成本。

办学的实践表明，我国民办高校的收入主要来自学生交纳的学费。除此之外，学校拥有的资源极其有限。资源的约束要求办学者谨慎处理扩大固定资产投入与增加经常性支出之间的矛盾。

1.固定资产投入的折旧成本

购买土地、建设校园、购买教学生活设施等都需要大量的投入，民办高校没有政府拨款，这一切都不得不依靠自有力量，承担起相应的成本与支出。从满足市场需求的目的出发，民办高校用于建设校园、购买教学设施的投入相当于企业开展生产时的投资，这些投入可以使用较长的时间，能参与数个教学周期，但最终都会逐渐消耗于学校的教学活动之中，转化为办学成本。固定资产投入的折旧成本通常用于那些一次性投资之后一定时期内相应费用不再增加并能维持稳定的项目。它主要用于教学、行政、科研场所的基础性建设和各种设备的购买。基建主要包括购买土地、房屋建设以及相应配套设施投入，该项支出通常负担最重；设备购置费指为了教学与管理需要，学校购置的各种仪器设备与教学设备、图书资料、交通工具及其他各种设备等。固定资产的投入要求高，通常需要大额的资金投入，是学校办学成本的重要支出部分。固定资产投入的折旧成本和投资周期密切相关，周期越长，按年度折旧的相应的办学成本就越低。

我国民办高等教育的发展经历了从缺乏固定地盘走向自有校园，从小面积的校园扩充为大面积校园的阶段，相应的固定资产投入的折旧成本不断增加。从时间上而言，短期内固定资产投入可能给学校增加较大支出压力，导致学校日常教学管理所需要的经常性支出紧张，严重时甚至会危及学校的生存。故选择合适的投入幅度对自收自支的民办高校具有重要意义，而这与民办高校自身的经营能力、经济实力、融资能力、当地政策等诸多因素密切相关。长期而言，学校一旦完成了投入，如果这些投入的使用率保证在一定标准之上——有招生保障，并顺利克服投入所引起的暂时性经济困难，那么民办高校用于固定资产投入的折旧成本就会不断下降。

2.日常教学活动的运行成本体系

除了巨大的固定资产投入之外，民办高校要维持教学活动的正常进行，仍然需要大量的日常性支出。民办高校日常教学活动的运行成本主要指学校为了培养学生、开展日常教学及科研等活动所承担的运行成本。学校从事教学、科研以及相应的行政管理等活动，需要人力和物力的消耗和支出，它们构成了日常教学活动的运行成本。这些成本主要服务于保障学校办学活动的顺利开展与教学活动的维持。

举办高等教育是消耗大量人力资源的行为，这就相应决定了人员经费占据了学校支出中的重要部分。另外，学校平时的一切公务与业务活动也需要花费一定的支出。除了这些和公立院校类似的开支之外，民办高校还拥有独特的招生方面的支出，这部分的费用近年来日益上升，成为民办高校办学成本的重要组成部分。我国民办高校办学成本中日常教学活动的运行成本主要包括以下几方面。

（1）人员经费支出。民办高校的人员主要包括教学人员、管理服务人员以及学生。用于教学、管理人员的支出主要包括基本工资、补助工资、教师课酬、教职员工社会保障与福利费用等；用于学生的支出主要包括学校设立的奖学金和为学生购买保险等。人员经费支出是民办高校的重要成本项目之一。

（2）公务支出。学校为了有效开展教学、管理、科研等各种教学活动，需要支出费用用于学校公用事业和业务活动，主要包括办公费、印刷费、水电费、取暖费、邮电费、交通费、差旅费、会议费、培训费、劳务费、招待费、租赁费、物业管理费、维修费、专用材料费、其他公用支出等。

（3）招生费用。招生费用具体包括用于广告宣传的费用，招生人员的车费、电话费、交通补助费、住宿费、办公费，甚至还包括提供有用信息者的报酬。与公立院校的支出不同，我国民办高校的生存与市场息息相关，决定了招生费用是学校支出的重要部分。从表面来看，该费用并不直接参与培养学生，但是招生对学校的重要意义和各校在招生方面的投入力度表明，无论现在还是将来，招生费用都将是民办高校办学成本的重要组成部分。学校如果缺乏招生支出，那么就可能无法招收足够数量的学生，进而影响以后的办学行为和教学活动。因此，把招生费用纳入成本范围具有现实合理性，与企业把推销费用纳入生产成本的行为有相似之处。

换句话说，招生费用是保障教学活动进行的首要支出和必要成本，民办高校为了保障培养学生的教学活动得以顺利进行，必须开支招生费用。从实践来看，我国民办高校发展的重要特色之一就是高度重视招生工作与学校宣传。民办高校的生存与发展离不开学生。为了招收足够多的学生，有条件的学校不惜花费大量费用，用于在各种广告媒体发布信息吸引学生，并派出大量招生工作人员深入各地，直接接触学生与家长。这种做法越来越受到更多民办高校的推崇，并被广泛效仿。我国发展较好的民办高校普遍建立了相对稳定成熟的招生网络，每年都有不菲的招生投入。得益于招生方面的大力支出，许多民办高校的招生规模和办学规模始终保持在理想的状态，这表明了招生支出对学校发展的必要性和重要性。

4.3 我国民办高等教育收益分析

4.3.1 教育收益和教育效益

教育收益是指通过教育活动给个人和社会带来的好处，这种好处可以是理论意义上的，也可以是实质的。有的学者把这个概念与教育经济效益等同起来，也有的学者认为有区别，笔者比较支持后者的观点。教育收益主要是探讨教育意义上的收益，属于宏观的定性范畴，而教育效益是探讨教育的经济价值，或说教育的经济意义上的收益，属于微观的定性范畴。教育收益可以用教育产出与教育投入来定义，由于教育产出比较复杂，所以教育收益是一个难以精确衡量的指标。教育收益包括直接收益和间接收益，也包括个人收益和社会收益两个方面，全面分析教育收益应包括教育的个人直接收益、教育的社会直接收益、教育的个人间接收益和教育的社会间接收益。

效益是在高等教育发展中经常使用的概念，指高等教育投入产出效果的综合评价，包括直接效益和间接效益、经济效益和政治及文化等效益。也就是说，高等教育的效益是整体的、综合的。与效益有关的词包括效果、效率、利益、收益等。教育利益是指教育投资所能给个人和社会带来的好处。教育利益有政治利益、社会利益、物质利益、心理和审美利益等多种表现。实际上，利益与效益其内涵是相同的。效果即效用、成果的总称。在厉以宁主编的《教育经济学研究》中，经济效益与经济效果这两个概念是通用的。把经济效益定义为投资或经费的使用效率，具体的计算方式依然是劳动力消耗（投入）与所得到的成果（产出）之比。教育效率亦称教育投资内部效益，指教育资源消耗与教育直接产出成果的比较，是教育投入与直接产出之比。

4.3.2 民办高等教育的收益分析

民办高等教育是高等教育体系的一个组成部分。研究表明，投资民办高等教育会促进个人和社会发生显著变化，产生多元收益。

（1）公共的经济效益：促进国民经济的发展。受过高等教育的人比未受过高等教育的人获得更多的收入，缴纳更多的税收，可以提高生产力，增加和扩大消费，增强劳动力的适应性，减少对政府财政的依赖。

（2）私人的经济效益：个人接受高等教育可以获得更高的工资收入，更容易得到工作，拥有更多的储蓄，谋取好的职位，善于变换职业。

（3）公共的社会效益：投资高等教育可以减少犯罪，增加慈善性社区服务，提高公民的生活质量和能力，增进合作和认同，提高个人接受和运用技术的能力。

（4）私人的社会效益：个人接受高等教育可以增进健康，延长寿命，提高后代生命的质量，果断做出消费决策，提高个人地位，养成良好习惯。

概括地说，投资民办高等教育为个人和社会既可以带来直接的效益，也可以带来间接的效益，并使民办高等教育由纯福利公益事业向公益型产业方向发展。

民办高等教育收益率是民办高等学校办学效益的经济学反映，它在直观上反映了民办教育成本和效益的关系，尤其是民办高校内部办学的效率问题、资源配置和利用状况，在深层次上体现着国家政策、经济和社会发展、社会价值观念、民族传统等方面的作用。民办高等教育效益可以用民办高等教育收益率和民办高等教育内部回收率来反映或表达。

民办高等教育收益率是指民办高等教育的收益净现值除以教育投资的成本现值之后所得的数值，一般可以用下列公式表示：

$$R=\left[\ \sum_{i=1}^{n}FV(1+r)^{-n}-\sum_{j=1}^{m}CV(1+r)^{-n}\ \right]/\sum_{j=1}^{m}CV(1+r)^{-n} \tag{4-1}$$

式中：R 为教育收益率；FV 为接受民办高等教育后的总收益；CV 为民办高等教育的总成本；n 为接受民办高等教育后工作年限；m 为接受高等教育年限；r 为贴现率。

4.4 民办高等教育的成本核算步骤及其影响因素

4.4.1 民办高等教育的成本核算步骤

由前面的分析可以看出，两类成本（固定资产投入的折旧成本和日常教学活动的运行成本）的特性不同，各自对民办高校办学成本的影响也不同。民办高校在一定的时期内和达到一定办学规模之前，其固定资产投入的折旧成本随着学校的发展，占民办高校办学成本的比重会不断下降，而日常教学活动的运行成本占据的比重会逐步上升。因而，在本研究中，按照办学投资前期和办学投资正常进行两个阶段进行成本核算，不过无论固定资产投入的折旧成本还是日常教学活动的运行成本，都是民办高校办学成本的有机组成部分，共同对办学成本产生直接影响。我国民办高校的支出主要依赖学费收入，学校校园的建设、教学生活设施的购买、日常教学活动的开展等费用主要来自学费的收入。显然，从投资的角度分析民办高校的办学成本比较贴近我国民办高校的实际情况，也有利于区分民办高校固定资产投入的折旧成本与日常教学活动的运行成本对办学成本的不同影响。在资源有限的条件下，学校如果在一段时期内固定资产的投入幅度过大，必然引起相应的折旧成本增加，进而导致办学成本增加；如果对学校投入设定的回收周期较短，则学校所面临的成本压力势必较大。日常教学活动的运行成本是学校日常教学管理活动的支出，通常情况下与支出项目、学校规模、教学管理工作活动量等成正比，但是学校可以通过提高管理水平、改进管理手段等途径控制成本的上升。当办学成本居高不下的时候，遵循这种成本归类的思路，民办高校可以比较方便地发现问题所在，进而采取针对性措施控制或降低办学成本。

当然，核算教育成本是一个教育经济学的难题，厘清民办高校办学成本的概念和确定相应的成本内容只是进行成本计量的基本前提，尚没有解决民办高校的成本计量问题。由于民办高校的收入来源和成本结构有别于公立院校，因此民办高校的成本核算不能套用公立院校的模式，而应当有适用于自身特色的计量方式。在此，借鉴关于公立院校成本研究的成果，并结合我国民办高等教育的实际，本研究中提出的我国民办高校办学成本的基本核算步骤如下。

（1）确定办学成本的核算对象。和公立院校一样，民办高校的教育服务也包括多种多样的教学活动。除了培养人才外，民办高校的办学还涉及科研、社会服务等活动。但与公立院校相比，我国民办高校的历史并不长，相应的办学层次也比不上公立院校，民办高校的科学研究并不能和公立院校相比。就我国民办高校教育服务的实际情况而言，民办高校的主要活动仍然围绕着教学职能而展开，科学研究与社会服务的活动与支出并不多，民办高校相应的办学投入也主要用于与培养学生密切相关的教学活动，而科学研究与社会服务的支出目前都没有对学校的办学成本构成有效的影响。民办高校在教学活动过程中的支出是与学校培养学生的行为活动相关的一切支出，它构成了学校的办学成本。因此，在核算对象的选择上，民办高校的办学成本主要限于学校教学活动的支出。

（2）确定办学成本的核算周期。学校的教学活动是连续不断的过程，成本的支出结构也纷繁复杂。要厘清学校的办学成本状况，必须确定一个相对完整的成本核算周期，即成本支出的起始时间到成本支出的终止时间。依据学校教学活动的特点和常用的成本计量习惯，民办高校计量办学成本也适用于学年制。尽管非营利性固定投入的时间跨度通常比较长，但是按照企业会计业务中常用的折旧年限的做法，非营利性固定投入可以按各学年予以折旧，并有效地计算出各学年应当分摊的固定资产投入的折旧成本。民办高校的日常教学活动的运行成本发生于日常的教学管理过程中，实行按学年计量日常教学活动的运行成本也较为方便。至此，以学年为周期，计量民办高校的办学成本已经不存在技术上的难题，这也符合高等院校核算成本的习惯。

（3）确定办学成本的核算项目。选择和鉴别成本核算的项目是有效进行成本核算的重要条件。民办高校的办学成本必须和培养学生的行为活动相关，故选择成本核算项目时应当剔除其他无关项目。民办高校的办学成本不牵涉学生主体或其他社会机构的成本，而是出自学校主体在办学过程中用于培养学生的支出。因此，在鉴别和确定成本核算项目的时候，必须紧紧抓住办学成本是源于具体的民办高校从事高等教育服务活动所承担的开支，是学校投入培养学生的教学活动中的开支，是类似企业从事生产所支出的费用这一准绳，从而避免由其他无关项目与费用引起的混乱。

（4）对成本予以归类、分配并进行核算。确定成本核算项目之后，需要进一步合理地把各类成本予以归类，分配各项成本，综合计量，最终根据需要进行相应的成本核算。成本核算的最终结果通常包括总办学成本和平均办学成本以及其他分类办学成本。核算得出的各种成本可以帮助人们了解我国民办高校办学成本的状况，也有利于办学者掌握学校的实际支出状况，为办学者的决策提供重要的参考信息。然而，尽管理论上核算民办高校办学成本的思路非常清晰，但实际计量中仍然存在大量难题。核算民办高校的办学成本涉及数个环节，其中每一个环节都存在大量难题。因此，民办高校在核算办学成本时，仍然需要根据可行性、有效性、方便性的原则，对实际操作中遇到的过于复杂的问题予以简化处理。因此，像其他高等教育的成本一样，民办高校的办学成本也不可避免地具有一定的相对性，实施成本计量时会存在某些偏差。要准确有效地核算民办高校的办学成本，仍然有待在实践中予以改进与完善。从这个意义上而言，无论是哪一种成本计量，都不可能成为绝对标准的、毫无偏差的、终结性的成本核算。

4.4.2　影响民办高等教育投资成本的相关因素分析

一般情况下，包括固定资产投入和日常教学活动支出在内的办学投入越多，民办高校的办学成本越高。相应地，办学投入的各要素的价格发生变化也会影响民办高校的办学成本。此外，民办高校的经营管理水平也是影响办学成本的因素之一。

1. 办学投入对民办高校办学成本的影响

民办高校的办学投入涉及学校发展所需要的各种软硬件，投入的对象与范围非常广泛。民办高校既有用于购买土地、建设校园校舍、购买教学设施与图书资料等方面的大量投入，也有用于聘请教学与管理人员的巨额费用。我国民办高等教育发展的实践表明，民办高校在经历了市场的生存考验之后，面临着进一步发展和稳定的问题，而要保持学校的稳定与发展，则必须以一定的办学投入为保障。正因如此，那些已经具有一定办学规模的民办高校在度过了起初的生存困难之后，仍然纷纷花费巨资用于扩建校园、改善教学设施、引进更多高素质的教学与管理人员，这些都导致民办高校的办学成本出现变化。

办学投入的多寡影响民办高校的总办学成本。民办高校集中了大量的学生与教学管理人员，学生的学习与教学管理人员的活动离不开必要的软硬件的支持，这些都需要大量的投入予以保障。当学校的学生与教师总量不断增加的时候，相应的办学投入也必然要增加。学校师生规模的膨胀离不开办学投入的支持，而办学投入的增加又必然引起办学成本总量的增加。以西安翻译学院为例，该校自1998年起招生数量急剧增加，学校的在校生规模迅速扩大，学校原先的投入已经不足以满足发展的要求。为此，该校在1998年投资3 200万元用于征地和基建，1999年投入1 000万元用于改善教学及生活设施，2001年再次投入2亿元用于校园建设，2002年又投入3 000万元用于建设实验室，2003年投入4 000万元用于校内图书馆的建设。短短的数年间，学校的办学投入迅速增加。毫无疑问，办学投入的增加改善了学校的办学条件，但与此同时也增加了学校的办学成本。

办学投入影响平均办学成本。平均办学成本是总办学成本与学生数量之比，办学投入的增加会引起固定资产投入的折旧成本或日常教学活动的运行成本的增加，引起总办学成本的增加。当办学规模保持相对稳定的时候，民办高校的办学投入越多，总成本越高，平均办学成本也就越高。由于办学投入不同，同样规模的民办高校各自的平均办学成本会存在一定的差异。以我国发展相对成功的26所民办高校为例，各自的办学投入不同（见表4–1），总办学成本和平均办学成本亦存在明显差异。

办学投入受多个因素的影响，这些因素也对办学成本构成影响。①对更高教育质量的追求导致办学投入增加，引起办学成本的变化。虽然办学投入不能等同于教育质量，但是增加办学投入确实有助于提高办学质量。②办学标准的变化引起办学投入的变化，进而影响办学成本。处于不同发展阶段与发展层次的民办高校的办学标准不同，相应的投入要求也不同，那些发展时期较长、发展层次较高的民办高校往往具有更高的办学标准，也具有更多的办学投入和办学成本。同样的道理，学科与专业的培养目标、发展特色不同，对办学投入的要求也不同，理工科的专业通常需要比文法类专业有更高的办学投入，艺术类专业通常需要更高的办学投入。民办高校的学科和专业特色不同、发展重心不同也导致各学科与专业的办学投入不同，并由此影响学科与专业的办学成本。随着政府对民办高校管理的日益规范，民办高校在办学条件与教育质量上将面临越来越严格的标准，办学投入的要求仍将继续提高。同时，民办高等教育服务市场的竞争也迫使民办高校不断增加办学投入，改善办学条件，提高教育质量，从而吸引更多的学生入学。

表 4-1 我国部分民办高校的办学投入数据

学校名称	占地面积/万平方米	建筑面积/万平方米	专业数量/个	图书/万册	专业实验室/个	专职教师/位	总资产/亿
黄河科技学院	180	35	52	115	90	961	–
西京学院	108.3	60	40	122	62	929	3.5
吉林华侨外国语学院	76	18	40	70	–	500	–
西安培华学院	73.3	30	65	NA	60	587	3
广东培正学院	113.3	26	32	75	–	550	4.2

注：2010 年数据，通过对不同学校的网站相关数据整理所得。

简言之，在不同的发展阶段与时期，民办高校的办学投入不同，其办学成本也会不同；不同的民办高校因为办学投入的主客观条件不同、办学目标不同，所以各自的办学成本存在差异；学科、专业之间的要求与培养目标不同，对办学投入的要求也不同，导致各学科与专业间办学成本存在差异。

2. 办学要素的价格影响民办高等教育的办学成本

提供高等教育服务需要相应素质的教师与管理人员、校园和行政设施、大量资金投入等必要的办学要素。这些办学要素的价格经常处于变化之中，因而影响民办高校的办学成本。

用于聘请教师和管理人员的相关支出是民办高校办学成本的重要部分。近年来，我国高校教职工的工资变化较大（见表4-2、图4-2），工资水平迅速上升，导致民办高校用于教师与管理人员的支出越来越多。尽管民办高校工作人员与公立院校工作人员的待遇尚存在一定差距，但是在全国范围内，教师与管理人员工资的增加直接或间接地增加了学校的办学成本。民办高校如果能够控制用于教师和管理人员的支出，那么将能够节省不少办学成本。正因为如此，我国民办高校才不遗余力地聘请兼职人员、退休人员。

民办高校的办学成本受物价水平变化的影响。近年来，我国经济持续稳定地发展，物价水平发生了明显变化，这影响着民办高校的办学成本。民办高校自身不是物质资源的供给者，学校需要从外部的生产市场或服务市场购买大量资源以维持正常的教学与科研活动。由于资源的价格经常发生变化，物价水平也经常出现调整，民办高校的办学成本亦随之变化。物价水平的变化通常存在两种情形：一种是随着时间的推移，市场内的物价出现上涨或下跌的状态；另一种是物价水平因地区不同而存在差异。两种情形都会影响民办高校的办学成本。除了教师与管理人员以及必要的物质资源之外，民办高校的办学要素还包括大量的资金投入。无论投资还是捐资，办学中的资金都存在使用成本、机会成本的问题。资金的使用需要付出成本，资金的价值也经常处于变化之中。办学资金无论来自何处，投入民办高等教育时就成了民办高校的办学成本，资金价值的变化也影响民办高校的办学成本。

表4-2　我国教职工工资的变化

年　份	教职工年平均工资 / 元	年　份	教职工年平均工资 / 元
1978	545	1999	8 510
1980	700	2000	9 482
1985	1 166	2001	11 452
1990	2 117	2002	13 290
1991	2 243	2003	14 399
1992	2 715	2004	16 277
1993	3 278	2005	18 567
1994	4 923	2006	21 673
1995	5 435	2007	24 593

（续表）

年　份	教职工年平均工资 / 元	年　份	教职工年平均工资 / 元
1996	6 144	2008	27 602
1997	6 759	2009	31 098
1998	7 474	2010	35 471

资料来源：1978—2010 年中国统计年鉴，并经过整理。

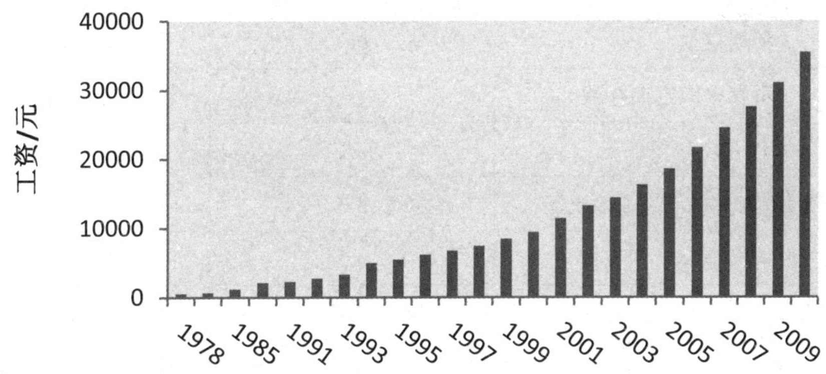

注：数据来源于国家统计局网站，并经过整理。

图 4-2　我国教职工工资变动情况表

出于办学的需要，我国不少民办高校向金融机构贷款，并承担相应的利息，这些利息无疑属于民办高校的办学成本。近年来，我国银行多次调整贷款利率（见表 4-3），这对贷款单位而言，相当于资金的使用成本发生了变化。作为民办高校办学要素的资金，其使用成本的变化（贷款利率的变动）直接影响民办高校的办学成本。使用资金时付出的代价越大，使用成本越高，对民办高校办学成本的影响越大。

3. 民办高校的经营管理影响学校的办学成本

经营管理对办学成本的影响主要指学校内部经营管理工作的质量对办学成本高低的影响。办学者的主客观条件不同，经营管理的成效亦不尽相同，形成了不同的办学成本。民办高校的经营管理状况从学校对人力、物力等资源的使用中可以得到有效的体现。学校教师和管理人员的工作效率、学校各项教学设施的利用程度、学校日常运行中的资源消耗等都会对民办高校的办学成本产生直接影响。不过，与其他影响因素相比，经营管理对民办高校办学成本的影响在一定程度上是可以控制的。故只要学校经营得当，并不断改进管理技术和提高管理水平，就可以有效地降低和控制办学成本；反之，学校的办学成本就可能居高不下。

表 4-3　中国人民银行贷款利率表

	2011 年贷款利率 /%	2010 年贷款利率 /%
一、城乡居民和单位存款		
（一）活期存款	0.5	0.36
（二）整存整取定期存款		
三个月	3.1	2.25
半年	3.3	2.5
一年	3.5	2.75
二年	4.4	3.55
三年	5	4.15
五年	5.5	4.55
二、各项贷款		
六个月	6.1	5.35
一年	6.56	5.81
一至三年	6.65	5.85
三至五年	6.9	6.22
五年以上	7.05	6.4

资料来源：2011 年 12 月 20 日中国人民银行网站（http：//www.pbc.gov.cn/publish/zhengcehuobisi）。

对比在校生数量与教职工人数，可以在一定程度上了解学校教师与管理人员的工作效率，也可以了解学校的人力资源使用效率。在保证必要的人员投入的前提下，聘用的教师与管理人员数量越少，学校的在校生数量越多，则民办高校的教师与管理人员的工作效率越高，学校的人力资源使用效率越高，这样越有利于降低学校的办学成本。不同的民办高校由于教师与管理人员的态度、能力、水平等主客观条件的差异，教师与管理人员的工作效率产生了差异，进而引起了办学成本的差异。

学校各项教学设施的利用程度也是经营管理水平的表现，并影响着学校的办学成本，较高的设施利用率意味着物力资源使用效率高，有利于降低民办高校的办学成本。民办高校购置各种教学设施、建立实验室和实习场所等都需要支付高昂的费用，如果没有充分利用，不仅会造成浪费，还会增加学校的办学成本。要通过提高使用率降低成本，就必须将各种教学设施、实验室、实习场所的利用率保持在一定水平之上。

学校日常经营管理中支出的高低也影响其办学成本。学校日常的办公费用、业务费用、招生费用等均在一定程度上反映了该校的管理水平。民办高校的资金有限，如何保障高效率地利用有限的资金是其重要课题，这也与民办高校的办学成本密切相关。

民办高校的经营管理影响学校的各种资源使用率，也影响学校的办学成本。混乱的管理制度和低水平的管理不利于充分调动教师与管理人员的积极性，不利于提高学校各项教学设施的使用率，也不利于有效地控制日常运营成本，所以不可能降低学校的办学成本。表 4-4 列出了我国部分民办高校的资源使用率。

表 4-4　2010 年我国部分民办高校生均资源表

学校名称	校园土地使用率（学生数/亩）	房屋建筑使用率（学生数/万平方米）	图书资料使用率（学生数/万册）	实验室使用率（学生数/个）	教师工作效率/生师比
黄河科技学院	9.26	714.286	217.39	277.78	26.01
西京学院	18.47	500.000	245.90	483.87	32.29
吉林华侨外国语学院	4.39	277.778	71.43	–	10.00
西安培华学院	13.64	500.000	–	250.00	25.55
广东培正学院	4.88	319.231	110.67	–	15.09

注：根据各高校网站公布数据测算所得。

4.5 出资者视角下我国民办高等教育投资合理回报区间的测算

根据前面的分析可以看出，作为我国高等教育的重要主体，民办高等教育与公办高等教育具有很多相似之处，如教育的外部性、成本—收益结构等。另外，我国民办高等教育也有显著的不同特点，如我国民办高等教育多以民间资本投资为主，与公共财政投入不同，其投资是基于资本的逐利性，即投资必须获得一定的回报，毕竟在这些投资中捐资办学的非常少。我国在《中华人民共和国民办教育促进法》中对此做出相应规定："民办学校在扣除办学成本、预留发展基金以及按照国家的有关规定提取其他的必须费用后，出资人可以从办学节余中取得合理回报。"需要明确的是，这一规定建立在对我国民办教育扶持与奖励的基本原则之上，突出回报取得的奖励性质，同时避免以合理回报的名义进行营利活动。然而在具体实践中，从办学结余中取得合理回报的做法存在很多问题。

如何在坚持保障高等教育公益性的条件下起到奖励和扶持作用，是解决合理回报问题的关键，这其中的重要环节是必须将合理回报限制在一定区间内，并按照实际办学水平来确定取得合理回报的具体数量。从我国民办教育合理回报问题的研究总体来看，在理论研究上，没有充分考虑以办学结余作为合理回报提取基础的合理性、合法性以及办学水平对合理回报提取应发挥的制约作用；在实践研究上，针对合理回报的具体、可操作性的研究也是目前亟须解决的问题。本节接下来从高等教育投资的社会平均收益率的视角出发，在公益性前提下测算具备奖励和扶持条件的投资收益水平，即合理回报，并对其操作提供相关建议。

4.5.1 民办高等教育投资合理回报区域测算的主体、思路、假设及原则

（1）主体。民办高等教育的投资基本上是民间资本，能否取得回报、可以从办学结余中获取多少的投资回报会影响投资办学者的投资积极性，因此本部分研究的合理回报区间是从出资办学者视角出发的。

（2）思路。目前，我国公办高等教育投资的主体是政府（政府办学形式），测算公办高等教育投资的平均社会收益率，所测得的值实际上就是公办高等教育投资的回报，如果能够测算公办高等教育投资回报上下限，那么也可以作为相同背景下，民办高等教育投资的主体——出资办学者获取合理回报的区间。因此，本部

分的基本思路就是只要测算出当前以公益性为主要特点的公办高等教育社会收益率的上下限区间，就可以以其为民办高等教育合理回报区间的参照，唯一不同的是投资主体不一样。

（3）假设。①假定目前我国公办高等教育是可行的、高效的。②综合众多关于教育投资收益的相关研究，当前我国社会发展阶段中，教育收益率中的个人收益率远远高于社会平均收益率，因此为测算方便，可以以高等教育的个人内部收益率来代替公办高等教育的社会平均收益率。

（4）原则。①教育公益性原则。比如，民间资本投资教育绝不能以追求收益最大化为目标，否则会损害学生及其家庭的利益。因此，在设计合理回报测度方法时，不能以该教育机构当年的成本、收益为依据，不能以当年办学结余为合理回报的提取基础。②奖励和扶持原则。现阶段，国家应该鼓励民间资本投资教育事业，并充分运用合理回报这一手段促进高等教育的发展。这种奖励和扶持一方面要考虑高等教育投资收益的基本情况，另一方面必须结合该教育机构的办学水平来考虑，以办学水平来确定合理回报的具体数量。

按照这样的原则，确定合理回报的测度方法必须从社会整体出发，综合考虑高等教育的投入产出，全面分清高等教育的社会成本和个人成本，比较准确地对合理回报水平进行测度。以高等教育投资的社会平均收益率为合理回报水平提取的依据，一方面与教育机构的办学结余脱钩，与其教育成本脱钩，从而保证教育的公益性原则；另一方面为国家的奖励、扶持政策提供了依据，即奖励应该与高等教育投资的社会平均收益挂钩，既不能过高而脱离了社会福利的需求，也不能过低而阻碍了投资的规模及高等教育的发展。因此，这种方法能够将法律精神与法律落实紧密结合起来，为合理回报具体提取提供可行性建议。

4.5.2　合理回报测度方法选择

1.教育内部收益率选择的说明

按照教育经济学的理论，计算教育投资收益率的方法主要有两种，即明瑟收入函数法和教育内部收益率法。明瑟收益率是指一个人多接受一年教育可以带来收入增长的百分比。它主要考察教育的边际收益，将教育的个人收益率与学校的教育年限结合，剔除掉工作年限的影响，再进一步测算出明瑟收益率。教育内部收益率法是将教育的总成本与教育的总收益相结合，按照投资效益测算的内部收益率测算出教育的投资收益率。

从明瑟收入函数法和教育内部收益率法这两种方法本身来看，本研究选择教育内部收益率法作为合理回报水平的测度方法。原因在于：首先，教育内部收益率法基于成本—收益分析法，在考虑了教育收益的同时，还考虑了教育成本（含直接和间接成本）、两者的时间价值，而这些在明瑟收入函数法中都没有体现出来，且明瑟收入函数法不同教育阶段的投资收益率一致性也是其存在的明显缺陷。其次，目前的研究表明，明瑟收入函数法更适用于经济较为发达、高等教育发展较为成熟的国家，教育内部收益率法则无此适用范围方面的限制。考虑到我国目前经济发展的阶段以及高等教育的发展程度，教育内部收益率法更适合用来计算我国的教育收益率。最后，本书的研究的高等教育投资收益率不是针对个人教育投资的收益率，而是将全社会作为一个整体考虑的高等教育投资的社会平均收益率，因此教育内部收益率法与本书的研究目的更加一致。

2. 高等教育内部收益率计算的理论过程

内部收益率即财务会计上考虑到货币时间价值的收益率。这里是指高等教育成本的现值和预期收益的现值相等的贴现率。

（1）货币时间价值的概念。货币的时间价值可用以下公式表示：

$$PV = FV_{mn} \Big/ (1 + r/m)^{mn} \tag{4-2}$$

式中：FV 表示以后一定时间单位内的现金收入，如一年、一个月；PV 表示以后一定时间单位内现金的折现价值；r 表示贴现率，即利率；m 是一年内计算复利的次数；n 为所考虑区间的年数。

当 m=1 时，则式（4–2）可以简化为：

$$PV = \frac{FV_n}{(1+r)^n} \tag{4-3}$$

当 m= ∞ 时，则式（4–2）可以简化为：

$$PV = \frac{FV_{\infty,n}}{e^{rn}} \tag{4-4}$$

（2）内部收益率的计算有以下两种方法。

①假定一个接受过高等教育的学生在其接受 m 年的高等教育之后的工作年限为 n 年，在这 n 年中的实际年收入为 W_j，并且其在接受高等教育的 m 年中没有任何收入，只有支出。假定其每年的支出分别为 C_j，设利率水平为 i，则该学生在这 m+n 年中实际纯收入的现金流量现值为：

$$PV(H)=\sum_{j=m+1}^{n}\frac{W_j}{(1+i)^j}-\sum_{j=1}^{m}\frac{C_j}{(1+i)^j} \tag{4-5}$$

②若该学生不接受高等教育，他在这 $m+n$ 年中的实际年收入分别为 S_j，则该学生在这 $m+n$ 年中实际纯收入的现金流量现值为：

$$PV(L)=\sum_{j=1}^{m+n}\frac{S_j}{(1+i)^j} \tag{4-6}$$

所以，令 $PV(H)=PV(L)$ 得：

$$\sum_{j=m+1}^{n}\frac{W_j}{(1+i)^j}-\sum_{j=1}^{m}\frac{C_j}{(1+i)^j}=\sum_{j=1}^{m+n}\frac{S_j}{(1+i)^j} \tag{4-7}$$

高等教育的内部收益率即指这里的利率水平 i，根据抽样调查，可以得出相应的 W_j,C_j,S_j 数值，进而计算出相应的内部收益率。

4.5.3　民办高等教育投资合理回报区间的计量分析

本研究试图通过确定高等教育投资的社会平均收益率来测度合理回报的水平。因此，首先要确定高等教育投资的收益水平，其次要得出高等教育的个人成本与社会成本的具体额度，最后利用教育内部收益率法确定合理回报的水平。本研究的难度在于数据的取得和筛选，将与高等教育无关的部分尽量剔除。考虑到目前数据的完整性和统计的简便性，本研究以 2006 年作为整个成本收益分析的起点，即假定这一年某生高中毕业（年满 18 周岁），并根据我国现行法律法规，假定其退休年龄为 60 周岁❶。

1. 个人收入中教育收益的界定

影响收入的因素较多，教育仅是其中的因素之一，此外，性别、专业类型、自身能力、智力、户籍等也会影响收入水平。因此，在以收入水平代替教育收益时，应充分考虑教育之外的其他影响收入水平的因素，用收入水平乘以教育系数（α 系数）得出的数值来替代教育收益，而并非用收入水平直接替代。其中，α 系数相当于一个校正因子，指明收入分配中与教育具有直接相关性的部分，其确定方式为对收入、教育以及其他一些影响收入水平的代表性因素进行多元回归分析。α 系数的确定对教育收益的最终确定至关重要。赵彦志（2010）、白明（2007）、雷箐青（2007）、胡放之（2009）等人认为，影响收入的主要个人因

❶ 某生 2006 年高中毕业为 18 周岁，通常假定就读 4 年大学，22 周岁大学毕业，23 周岁开始工作，按 60 周岁退休计算，其工作年限（获得收入年限）为 38 年。

素有受教育年限、性别、户籍等；汪燕敏通过多分类逐步 Logistic 回归分析，认为受教育年限以及性别是影响个人收入的决定性因素。因此，本研究中同样以收入作为因变量，以性别比、受教育年限作为自变量进行回归，并做出归一化处理，计算教育系数，具体计算见表 4-5 至表 4-7 所列。

表 4-5　α 系数相关变量

年　份	年平均工资 / 元	就业性别比	人均受教育年限 / 年	年　份	年平均工资 / 元	就业性别比	人均受教育年限 / 年
1996	6 210	1.58	6.85	2004	16 024	1.56	7.40
1997	6 470	1.56	6.95	2005	18 364	1.56	7.21
1998	7 479	1.57	6.98	2006	21 001	1.55	7.30
1999	8 346	1.59	7.02	2007	24 392	1.52	7.42
2000	9 371	1.57	7.28	2008	29 229	1.53	7.91
2001	10 870	1.59	7.30	2009	32 736	1.52	8.5
2002	12 422	1.58	7.28	2010	36 539	1.55	9.0
2003	14 040	1.58	7.31				

注：①平均工资来自中经网数据库，就业性别比、人均受教育年限均根据历年劳动统计年鉴进行推算。②从社会角度出发，选用各年就业人口的男女比作为衡量性别的变量因素，选用就业人口人均受教育年限作为衡量受教育程度的变量因素。③人均受教育年限的计算目前有三种方式，本研究采用的标准是按照现行学制作为受教育年限。公式：就业人口人均受教育程度 = 小学文化程度就业人口比重 ×6 + 初中文化程度就业人口比重 ×9 + 高中及中专文化程度就业人口比重 ×12 + 大专及大学文化程度就业人口比重 ×16 + 硕士及以上文化程度就业人口比重 ×19。

表 4-6　回归系数

Model	R	R Square	Adjusted R Square	Std. Error of the Estimate
1	0.955a	0.911	0.896	3 183.913 36

a. Predictors : (Constant), VAR00003, VAR00002

表 4-7　模型变量系数

Model		Unstandardized Coefficients		Standardized Coefficients	t	Sig.
		B	Std. Error	Beta		
1	(Constant)	189 700.192	70 896.948		2.676	0.020
	VAR00002	-165 451.789	40 639.165	-0.387	-4.071	0.002
	VAR00003	11 469.130	1 586.682	0.687	7.228	0.000

a. Dependent Variable：VAR00001

注：Beta 值表示在剔除量纲的影响后，自变量对因变量的影响程度。

通过 SPSS17.0 软件的统计分析可以看到，调整以后的 R^2 达到 0.896，这表明个人收入水平同性别及受教育年限显著相关。其中，受教育年限的 t 检验值为 7.228，显著性水平为 0.000；性别因素的 t 检验值为 -4.071，显著性水平为 0.002。根据表 4-7 中的 Beta 值可知，受教育年限对人均工资水平的影响程度为 0.687，即 α 系数为 0.687。目前，有很多研究表明 α 系数的取值通常为 0.6 ～ 0.8，这次测算出来的数据也在这个范围之内，符合较好，所以本研究中教育系数采用 0.687。

2. 高等教育社会收益的确定

教育收益是指教育通过培养和提高劳动者的知识、技能，为个人和社会带来的效益。与企业产品收益不同的是，教育收益的长效性决定了需要测算人力资本形成后的终生收入水平。教育的社会收益相当于经 α 系数调整后的个人终生收入水平，本研究拟采用估算法，运用经验值对其进行计算。具体的计算方法为：首先，根据毕业生工作年限与收入增长之间的经验关系划定我国未来收入增长的区间；其次，根据目前我国、发达国家以及新兴经济国家的年工资增长率，结合大学毕业生和高中毕业生收入增长率差距的经验值，估计两者在各收入增长区间内年均收入增长率的上限和下限，进而估算出两者各年的人均收入水平，并对其进行 α 系数的调整。

（1）我国未来收入增长区间的划定。根据李春玲（2008）计算的毕业生工作年限和收入增长之间的关系，即工作后十年内收入增长率一直保持上升趋势，十年后收入增长率将持续下降，将我国未来收入增长区间划分为高速增长和稳步下降两阶段。依据本研究的原始假定，2006 年入学的大学生于 2010 年毕业，工作十年后的时点为 2020 年，即其收入的高速增长阶段为 2011—2020 年，稳步下降阶段为 2021—2047 年（退休年份）。

（2）估计大学及高中毕业生各年收入增长率上限、下限。

①确定依据。考虑到数据应用的一般性以及在未来年限的代表性，毕业生各收入增长区间内的收入增长率数据拟采用各区间内各年收入增长率的均值计算。首先，在收入高速增长阶段，拟分别将目前可获得的我国及新兴经济国家各年收入增长率的均值作为该阶段大学毕业生各年收入增长率的上限和下限。同时，根据刘泽云（2009）、萧今（2008）计算的大学及高中毕业生的年均工资增长率估算，两者的差距在 2% 左右，以此作为经验值，在上述大学毕业生收入增长率基础上下浮 2 个百分点即可得到高中毕业生在此阶段的各年收入增长率。其次，在收入稳步下降阶段，拟将收入增长已较为稳定的发达国家各年收入增长率的均值作为该阶段大学毕业生各年的收入增长率。同时，考虑随着时间的推移，学历差异对收入的影响会逐渐减小，工作经验对收入的影响会逐渐上升，两者年均收入增长率将会趋同。因此，假定此阶段高中毕业生各年收入增长率与上述大学毕业生各年收入增长率相同。

②上限、下限的具体测算。根据中经网数据库以及国际劳工组织网站的数据进行计算可知，中国 1996—2008 年收入增长率为 13% 左右，新兴经济国家年均收入增长率一般为 8% ～ 10%，发达国家年均收入增长率一般为 3% ～ 5%。结合上述确定依据，可估计在收入高速增长阶段，我国大学毕业生年均收入增长率的上限为 13%、下限为 10%，在此基础上下浮 2 个百分点即得到我国高中毕业生的年收入增长率上限为 11%、下限为 8%；在稳步下降阶段，我国大学毕业生和高中毕业生的年均收入增长率都将保持在 5%。

（3）估计经 α 系数调整后的大学毕业生和高中毕业生年均收入水平及二者差额。

①在大学毕业生预期年均收入增长率取上限 13%、高中毕业生预期年均收入增长率取上限 11% 的情况下，经 α 系数调整后的两者年均收入水平见表 4-8 所列。

②在大学毕业生预期年均收入增长率取下限 10%、高中毕业生预期年均收入增长率取下限 8% 的情况下，经 α 系数调整后的两者年均收入水平见表 4-9 所列。

表 4-8　年收入增长率取上限时预期各年人均收入及差额表（α = 0.687）

单位：元

年　份	2006	2007	2008	2009	2010	2011—2020	2021	2021—2046	2047
大学毕业生	-	-	-	-	38 494.39	增长率 13%	130 671.80	增长率 5%	487 857.50
高中毕业生	9 612.48	10 573.72	11 631.10	12 794.21	14 073.63	增长率 11%	36 503.36	增长率 5%	136 283.70
差额	-9 612.48	-10 573.72	-11 631.10	-12 794.21	24 420.76	2%	94 168.45	0	351 573.80

表 4-9　年收入增长率取下限时预期各年人均收入及差额表（α = 0.687）

单位：元

年　份	2006	2007	2008	2009	2010	2011—2020	2021	2021—2046	2047
大学毕业生	-	-	-	-	32 199.03	增长率 10%	91 426.63	增长率 5%	341 337.30
高中毕业生	7 827.61	8 453.82	9 130.12	9 860.53	10 649.37	增长率 8%	24 830.39	增长率 5%	85 836.63
差额	-7 827.61	-8 453.82	-9 130.12	-9 860.53	21 549.66	2%	66 596.24	0	255 500.67

注：①国际劳工组织网站的网址为 www.ilo.crg。②根据敏感性测试，2015 年后收入增长率每变化 1 个百分点，对最终高等教育社会收益率结果影响不超过 0.5 个百分点。因此，本研究假定进入稳步下降阶段后毕业生各年人均收入增长率为 5%。③根据 CHNS（中国健康与营养调查）统计资料，2000 年大学毕业生人均年收入为 11 340 元，高中毕业生的人均年收入为 8 840 元，按照估算的增长率，可以测得 2006 年不同教育水平的人均收入，以后各年数据均以该年数据作为基准进行估算，然后再用 α 系数进行调整。（下同）

3. 高等教育社会成本的确定

高等教育的投资成本是指高校用于培养学生所耗费的可以用货币计量的教育资源的价值，属于财务范畴的或货币实际支付的成本。与企业产品成本不同的是教育成本收益的配比不同，教育的收益期间是终生就业年数，而成本期间是受教育年限。而且两者的核算内容不同，教育成本核算为体现教育的公共产品属性，应包含教育机会成本的核算。基于此，本研究从社会直接成本和社会间接成本两部分对教育社会总成本进行核算。

（1）高等教育社会直接成本的估算。高等教育社会直接成本的计算主要以高等教育的经费支出和学生上缴的学杂费作为衡量指标。按生均计算，具体见表 4-10 所列。

表 4-10　2006—2010 年高等教育生均社会直接成本　　单位：元

年　份	2006	2007	2008	2009
经费支出	17 687.3	18 636.1	19 584.8	20 533.6
学杂费	4 992.2	5 361.3	5 730.5	6 099.6
合计	22 679.5	23 997.4	25 315.3	26 633.2

数据来源：历年《中国教育经费统计年鉴》。

（2）高等教育社会间接成本的估算。高等教育社会间接成本包括高中毕业生选择继续读书的机会成本、高校校舍的潜在租金、国家因对大学生寒暑假车票的优惠而减少的收入及国家为学校提供的各种优惠措施等。但是考虑到经生均计算后，某些间接成本在高等教育总间接成本中所占的比重较小，本研究在估算社会间接成本时只对两项主要的间接成本进行估算。

①高中毕业生选择继续读书的机会成本。这一机会成本即为高中毕业生放弃直接就业而选择继续读书所放弃的社会收入。按生均计算，即为上述估算出的经 α 系数调整后的高中毕业生人均社会收入。

②高校校舍潜在租金。根据历年普通高校生均校舍面积乘以房租率即可得到历年生均高校校舍潜在租金。2006—2010 年（大学四年）的生均高校校舍潜在租金见表 4-11 所列。

表 4-11　2006—2010 年生均高校校舍潜在租金　　　单位：元

年　份	2006	2007	2008	2009
校舍总面积（万平方米）	57 356.3	61 537.3	61 807.1	63 571.7
本、专科在校人数（万人）	1 738.9	1 884.9	2 021.0	2 144.7
生均校舍面积 / 平方米	32.98	32.65	30.58	29.64
房租率（元 / 平方米）	房租率 = 中介服务企业商品房屋代理出租成交合同金额 / 中介服务企业商品房屋代理出租成交合同中建筑面积 =28755670000/4247.0991=677.07			
生均高校校舍潜在租金（元）	22 329.8	22 106.3	20 704.8	20 068.4

数据来源：历年《中国教育经费统计年鉴》，通过计算整理所得。

（3）高等教育社会总成本的估算。

①在高中毕业生预期年均收入增长率取上限 11% 的情况下，高等教育生均社会总成本见表 4-12 所列。

表 4-12　2006—2010 年高等教育生均社会成本　　　单位：元

年　份		2006	2007	2008	2009
社会直接成本		22 679.5	23 997.4	25 315.3	26 633.2
社会间接成本	高中毕业生工资（α=0.687）	9 612.5	10 573.7	11 631.1	12 794.2
	高校校舍潜在租金	22 329.8	22 106.3	20 704.8	20 068.4
合计		54 621.8	56 677.4	57 651.2	59 495.8

资料来源：中经网数据库及历年《中国教育经费统计年鉴》。

②在高中毕业生预期年均收入增长率取下限 8% 的情况下，高等教育生均社会总成本见表 4-13 所列。

表 4-13　2006—2010 年高等教育生均社会总成本

年　份		2006	2007	2008	2009	2010
社会直接成本		22 679.5	23 997.4	25 315.3	26 633.2	27 951.2
社会间接成本	高中毕业生工资（$\alpha=0.687$）	7 827.6	8 453.8	9 130.1	9 860.5	10 649.4
	高校校舍潜在租金	22 329.8	22 106.3	20 704.8	20 068.4	19 932.9
合计		52 836.9	54 557.5	55 150.2	56 562.1	58 533.5

资料来源：中经网数据库及历年《中国统计年鉴》。

（4）高等教育内部收益率的确定。高等教育内部收益率应为高等教育 4 年间的成本现值与大学生毕业后 38 年的社会收益现值相等时的贴现率。运用精确法计算如下：

$$\sum_{j=1}^{n}\frac{W_j}{(1+i)^j}-\sum_{j=1}^{m}\frac{C_j}{(1+i)^j}=\sum_{j=1}^{m+n}\frac{S_j}{(1+i)^j} \tag{4-8}$$

根据计算，得出如下结果：

①在大学毕业生预期年均收入增长率为 13% 时，高等教育内部收益率为 12.1%。

②在大学毕业生预期年均收入增长率为 10% 时，高等教育内部收益率为 8.7%。

因此，民办高等教育合理回报水平应该基本确定为 8.7% ～ 12.1% 这样一个区间。具体数值应该结合该教育机构的办学质量，由行政主管部门评估后确定奖励、扶持金额，但不应超过上述测度区间。

4.5.4　规范合理回报提取的政策建议

民办高等教育是中国高等教育的重要组成部分，具有高等教育的一般性特征，因此民间资本投资高等教育应取得的收益率必须以高等教育投资的社会平均收益率为依据。任何明显高于这一收益率水平的合理回报都是对民办高等教育中其他利益相关者的侵害，从而加大社会成本。本书通过具体测算高等教育投资的社会平均收益率区间，明确了合理回报的提取依据和提取水平，体现了民办教育的非营利性质。

在具体实践中，应该按照投入资本以及高等教育投资的社会平均收益率来确定合理回报区间，并结合民办高等教育的教育教学水平来确定具体的合理回报数量，而不应由出资人根据当年的办学结余来确定。要保证这一目标的实现，就要做好如下工作。

1.坚持非营利性质，明确提取合理回报的“扶持与奖励”原则

《中华人民共和国民办教育促进法》中关于提取合理回报的规定是给予办学者、投资人的一种办学支持，是为了鼓励和引导更多的民间资本投入教育事业，推动我国民办教育事业的发展。这一规定实施的前提是保证民办教育非营利性质，并严格遵照“扶持与奖励”的基本原则。因此，各民办高校应正确理解国家通过法律法规形式将提取合理回报合法化的真正目的，如果追求收益最大化，就不应该投资于高等教育事业。民办教育行政主管部门必须将这一点反复向举办者说明。

2.明晰民办高等教育治理结构，实现“办学权与合理回报索取权”两权分离

民办高校是非营利性组织，其取得的回报与教育活动的财务结果必须脱钩。要实现这一点，就要认真设计民办高等教育的治理结构，突出办学者在治理中的重要地位，突出学生、教师等其他利益相关方在治理中的作用。民办高等教育的投资方在确保投入资金安全、法人财产权不受侵害的前提下，不得干预办学活动。

3.建立全面财务评估体系，最大限度地发挥合理回报的激励作用

针对提取合理回报的民办高等教育，行政管理部门应强化对其财务管理体系的监控。首先，将评估指标体系的构建作为整个教学质量评估工作的重中之重。成本支出的高低直接影响民办高等教育获得合理回报的情况，这正是许多民办高校通过各种违规途径降低成本，偏离民办高等教育非营利性轨道，谋求超额回报的真正原因。其次，兼顾评估的全面性。比如，在办学质量评估方面，除考虑财务指标之外，还要更多地考虑那些难以量化和难以在财务报表中反映的办学质量指标，将定性与定量评估相结合。最后，合理界定评估结果，严把提取合理回报资格关。对于评估结果为有条件合格和不合格的办学机构，不允许取得合理回报。

4.完善财务审计制度，规范合理回报的提取

首先，建立完善的内部控制制度，保证各项决策有章可循，学校的办学经费能够合理使用。其次，加大外部审计力度，由国家行政主管部门核准一批能够专门针对民办高等教育进行审计的会计师事务所，并对其执业资格定期审核。所有要求取

得合理回报的民办高校都要将经过内部审计的财务数据公开，经外部审计后报送教育主管部门，经核准无误后，确定合理回报提取金额。同时，提取的具体金额应向民办高等教育的利益相关者（如学生、家长等）公开，接受社会的广泛监督。

4.6 本章小结

本章首先分析了我国民办高等教育成本的特点，并把它同公办高等教育成本的特点进行了比较，从而使民办高等教育成本的内涵得到进一步明确，并在此基础上提出了民办高等教育的测度范围，分别从固定资产投入的折旧成本、日常教学的运行成本出发进一步细化成本的分布；其次，进行民办高等教育的收益分析，从办学投入、办学收入、办学结余以及合理回报几个角度进行了理论探讨；再次，结合成本、收益等方面的分析结论，采用内部收益法（IRR）探索在目前情况下我国民办高等教育合理回报的区间（投资回报率），理论计算我国民办高等教育投资合理回报区间为 8.7% ～ 12.1%，并总结了规范合理回报提取的相关政策建议。

第 5 章　我国民办高等教育投资风险分析及风险评估模型的构建

在高等教育大众化的背景下，我国民办高等教育呈现出迅猛发展的态势，招生人数迅速增加，办学规模不断扩大，建设投入与日俱增。然而，由于运行和发展中的危机因素没有得到及时分析和化解，民办高等教育超常规发展的背后凸显出了风险的隐忧。办学规模的扩张性、办学目标和专业结构的趋同性、资源配置的市场依赖性将给民办高等教育持续健康发展带来风险。剖析这些风险性特征，对防范和化解办学风险、促进民办高校健康发展是十分必要而又非常迫切的。

对于民办高等教育的私人投资者来说，其要求有一定的回报。如果没有回报，甚至出现资不抵债的现象，就存在一定的风险，就是一种风险投资。民办高等教育投资风险是指可以测定私人投资办学者投入自己的资金或银行贷款资金用于购置教学用地、教学基本配套设施和生活保障设施以及支付教师的工资等方面，到期后，存在缺乏投入资金的本、利归还能力的可能性。因此，民办高等教育投资和其他资产投资一样存在一定的风险。

投资民办高等教育与其他投资风险一样具有客观性、多变性、无形性、双重性等特性。同时，民办高等教育投资风险有着自身的特点：民办高等教育的特色定位决定投资风险的大小；同其他投资相比，民办高等教育投资风险较少受到来自金融方面的影响；民办高等教育投资风险来源于无形的产品。

私人将资金用来办学也是一种风险投资，这种投资既可能盈利，又可能亏本。要办学就必须进行广泛的社会调查，看是否有足够的生源，还要高薪聘请优秀教师，并对学校进行科学的管理，以便开源节流。学校办得好可以盈利，如果在其中某一个环节上出了问题，就有可能使学校办不下去，办学者就会出现亏本甚至破产的后果。这里应有个风险利润问题，即办学者承担的风险越大，所获得的利润应该越大，反之则越小。私人办学者只有能够获得正常的利润和风险利润，才愿意把资金用在办学上，这是吸引私人投资办学的主要利益机制所在。正因为民办高等教育投资风险的客观存在，民办高校的投资人对举债办学的把握、对偿债能力的预测，政府、教育主管部门的支持力度、管理程度及银行等金融机构的监控力度，都会使民办高校投资产生不可控的风险。

5.1 我国民办高等教育投资风险分析

自20世纪90年代以来，我国民办高等教育取得了令人瞩目的成就，业已成为我国高等教育事业的重要组成部分。但是，受法规政策、观念意识、市场、管理等多种因素的影响，我国民办高等教育迅速发展的背后也凸显出不容忽视的风险问题。在本书的分析中，笔者分别从系统性和非系统性风险、资金的使用这两个角度进行分析。

5.1.1 我国民办高等教育投资风险现状分析

1.风险现状描述之一：民办高等教育的倒闭现象

人们普遍认为，大学是“基业常青”的。投资民办高等教育是没有风险或风险较小的。但现实是，我国民办高等教育似乎进入了发展的“高原期”，日益凸显出风险的隐忧。2004年，民办高等教育出现了被业界称为“倒春寒”的不寻常现象，2005年又被媒体称为“惊现危机”。2005年底，号称“中国民办教育第一品牌”的南洋教育集团轰然倒塌，让整个中国教育界乃至整个社会为之震惊。事实上，在南洋教育集团倒闭之前就已经出现了许多民办高等教育机构倒闭的事例，只是倒闭的民办高等教育机构规模比较小且分散，因此并没有引起人们的深切关注。

民办教育网和全国民办高教委2001年发布的一份总数为1 134家的全国民办教育机构名单的跟踪调查表明，已经有超过半数的学校停办或无法查询，超过一成的学校被其他机构兼并，基本正常运行的学校竟然不足总数的四成。2003年民办高校比2002年减少了100多所。1996年5月18日，全国民办高等教育委员会第二次会员大会在北京钓鱼台国宾馆召开，这是20世纪中国民办高等教育的盛会，共有400多所民办高校出席了这次大会，而到2010年，当年与会的400多所民办高校仅存40所。随后几年，民办高等教育中高校倒闭事件不时在各媒体上出现。时至今日，仍显示出逐渐增多之势。

从实际情况来看，近年来我国民办高等教育机构倒闭状况是较为严重的，呈现出倒闭形式多样化、倒闭区域普遍化、倒闭学校类型集中化的特点。就倒闭区域而言，全国有16个省、区、市存在民办高等教育机构倒闭现象，而且越是民办高等教育较多、发展态势相对较好的地方，倒闭现象越严重。民办高等教育机构的倒闭和兼并似乎有从非学历民办高等教育机构向民办普通高校蔓延的趋势。

2. 风险现状描述之二：民办高等教育招生遇冷

2011年8月8日，郑州天河大酒店，来自北京、西安、山东、厦门、江苏等地近20家民办高等教育机构的临时驻郑招生办就设在这里。与往年相比，酒店门口及大堂里看不到一点儿招生的气氛，只有走到相关的楼层，才能看到一些民办高等教育机构的影子。

"生源减少得厉害，咨询的电话也很少，今年招生很少，不理想。"北京人文大学驻郑州招生办负责人曹寒冰介绍说，近年来，他们学校的招生人数大幅度下降，如2008年招生人数为8 000人，2009年猛然下降至4 000人，2010年为2 000人，2011年能招到1 500人就不错了。

西安思源学院驻郑州招生办负责人吕老师告诉记者："我们今年计划内招生名额是280人，目前已经招满。看情况今年计划外招生已经'没戏'，所以在这里（郑州）也没什么事了，我们都准备撤了。"此外，北京科技职业学院、西安海棠学院、北京吉利大学等民办院校的招生负责人也表示招生效果不如往年。

民办高校的倒闭以及招生人数的迅速下降实质上是民办高等教育发展过程中累积起来的潜在风险带来的必然结果。倒闭和撤销数量的上升趋势从一个侧面说明民办高等教育办学风险在日渐增加。当风险积累到一定的"度"，出现"倒闭"极端事件，给学校、社会和经济带来的破坏力是非常明显的。如何识别风险，如何有效防范和化解风险，应成为民办高等教育办学实践中一项重要的现实课题。

5.1.2　我国民办高等教育投资风险的分类

1. 系统性角度——系统风险和非系统风险

伴随我国高等教育改革的不断深化和教育市场竞争的日趋激烈，受政策、法规、经济、管理以及市场等多种不确定因素的制约，民办高等教育发展存在着潜在风险甚至危机。因此，当前民办高等教育投资风险问题不容低估，应客观分析，合理规范，这样才能促使进我国民办高等教育的可持续发展。

根据风险理论，民办高等教育投资风险按其成因可分为系统风险和非系统风险。系统风险主要是指民办高等学校以外的因素引起的风险，包括政策风险、市场风险和财务风险等；非系统风险主要由民办高校内部各因素引起，多指学校的教育质量风险。

（1）政策风险。政策风险主要是指民办高等教育发展由于政策法规制度的不完善、不健全而产生的风险。虽然《中华人民共和国民办教育促进法》及《中华人民共和国民办教育促进法实施条例》的相继颁布从法律法规的角度对民办教育的地位、政府与学校的权益与义务、民办学校教职工和受教育者的权益等一些重大问题作出了较为明确的法律规范。但目前民办高等教育的法规政策环境还很不完善，由此引发了民办高等教育投资的政策性风险。

产权关系不明晰：产权直接与出资办学诸方面的权益相关联。若产权不明晰、产权制度不完善，就会使出资者对投资民办高等教育的前景难以建立合理的预期，办学短期行为也因此难以避免。《中华人民共和国民办教育促进法》规定：民办学校终止并进行财产清算时，在清偿“应退受教育者学费、杂费和其他费用”“应发教职工的工资及应缴纳的社会保险费用”“偿还其他债务”后，“剩余财产，按照有关法律、行政法规的规定处理”。对出资人投入资产的最终归属没有明确的规定，对产权及其最终归属问题也完全回避，无形中增加了民办高等教育投资风险。

投资回报的不确定性：合理回报一直是民办教育争论的焦点，也历来为广大民办高等教育投资者所关注。《中华人民共和国民办教育促进法》第51条规定，民办学校在扣除办学成本等费用后，“出资人可以从办学结余中取得合理回报”，同时规定，出资人不要求取得合理回报的民办学校和出资人要求取得合理回报的民办学校享受不同税收优惠政策，前者享受公办学校优惠政策，而后者所享受的税收优惠政策要等待国务院有关部门制订。

外部政策环境的不可预测性：现阶段我国民办教育的政策与周边环境仍不理想，突出表现在国家鼓励发展民办教育的种种优惠政策得不到落实，许多法规形同虚设。例如，关于政府资助问题，《中华人民共和国民办教育促进法》及《中华人民共和国民办教育促进法实施条例》明确规定：“县级以上各级人民政府可以设立专项资金，用于资助民办学校的发展，奖励和表彰有突出贡献的集体和个人。”“县级以上各级人民政府可以采取经费资助，出租、转让闲置的国有资产等措施对民办学校予以扶持。”但是，资助办法、资金来源以及资助方与受助方的权利与义务等却没有从制度上加以具体化，实际操作难度很大。又如，《中华人民共和国民办教育促进法》及《中华人民共和国民办教育促进法实施条例》均原则上明确规定了“民办学校与公办学校具有同等的法律地位”，然而它们都没有就如何保障民办学校的地位和权利作出具体、可操作的规定。事实上，民办高校根本没有取得与公立高校同等的政策待遇地位，在税收优惠、土地征用、建设立项等方面，民办高校与公办高校的待遇相差悬殊。政策的不稳定无疑会给民办高等教育带来投资风险。

（2）市场风险。与公办高校相比，民办高校更加依赖教育市场，其生存和发展直接受控于市场。

生源市场风险：民办高校是顾客支持型的高等教育机构，生源的数量和质量直接关系到民办高校的生存和发展。随着生活水平的不断提高，人们将不再满足于接受高等教育，而是要接受高质量、高层次的高等教育，在高校、需求层次和学科专业的选择方面有更高的要求。众所周知，受办学水平和国家政策的限制，大多数民办高校定位为专科层次，只有极少数民办高校招收本科层次学生。再加上“官尊民卑”的传统心态和高收费政策的影响，在同一层次的学校中，绝大多数家长把就读民办高校视为无奈的选择。因此，每到招生季节，各民办高校使出浑身解数来争夺有限的生源，生源大战不但冲击了民办高校的教学质量，严重影响了民办高校的社会声誉，而且使民办高校陷入了低质量生源—高收费—生源短缺的恶性循环。这使民办高校发展面临极高的生源风险，甚至可能倒闭。

办学市场风险：随着我国高等教育体制改革的深化和加入WTO以后各国高等教育机构的涌入，我国民办高校还面临市场同业竞争的风险。这种同业竞争风险既来自公立高校的竞争，又来自国际高等教育机构的竞争。众所周知，公立高等教育经过数十年的发展，已经拥有强大的师资队伍和雄厚的物质基础，其社会声誉和在高等教育资源市场上的占有率显著提高。尤其是一批公立高校“二级学院”，不仅运行成本低，还拥有其所依托的公立大学的品牌和学历颁发权，占有公办高校和民办高校两头的资源和政策优势，这对独立办学的民办高校无疑构成了最直接的冲击。可以预料，随着这一体制的逐步实施并推广，民办高校现有优势将不复存在，与此相伴随的则是民办高校的先天不足将充分暴露出来。公立高校办学体制改革直接冲击了民办高校的生存与发展。

民办高校同业竞争风险还来自国际高等教育机构。近年来，国际高等教育机构在我国频频举办各种国际教育展，每每人流如潮、万头攒动。除了“教育出口”之外，外国“教育兵团”还采用了教育投资（独资办校、合资办校、合作办学）等多种形式，进入中国高等教育市场。目前，全国共有562个中外合作办学机构，如上海的“中欧学院”、同济大学的“中德学院”等，其中学历教育316个，非学历教育246个，并以本科、专科教育为主。由此可见，世界范围内高等教育的大市场正在形成，国内外争夺高等教育办学市场的竞争将更加激烈。

人才市场风险：保持“出口”通畅，实现学生充分就业，是民办高校求生存、谋发展的重要条件之一。为此，各民办高校非常重视市场需求，注重就业指导，从择业心态、择业意向、择业技巧等许多方面免费为学生提供服务。有的学校还与企业建立各种合作，在不同地区建立就业信息站，及时传递人才需求的信息。可以说，与公办高校相比，民办高校在毕业生推荐、就业指导等方面表现得更积极主动，也确实收到了良好的效果。但是，我们必须清醒地看到，市场经济的多变性、专业需求的不确定性和专业知识的更新换代往往会使大学生就业市场变得扑朔迷离。

（3）财务风险。民办高校财务风险主要是指由于债务负担过重而影响学校正常财务支付和不能按期偿还到期贷款本金及利息的可能性而导致破产的风险。民办高校是自负盈亏的高等教育机构，基本上无政府资金来源。为了谋求学校的快速发展，各民办高校纷纷利用银行贷款来改善办学条件，迅速扩大办学规模。实践证明，这种负债办学模式有效地缓解了民办高校发展过程中经费短缺问题，缩短了民办高校发展的建设周期，有力地推进了民办高校向更高层次发展。但是，贷款是要还本付息的。民办高校归还银行贷款的资金不外乎是学生学杂费收入，而学杂费又不能无限制地提高。因此，贷款办学的风险问题也就凸现出来。特别是一些民办高校超过自身偿还能力、不计后果地大量贷款，极易造成债务负担过重而不能按期偿还到期本金及利息的后果，影响学校正常财务支付，甚至可能被债权人起诉而导致破产，造成无法挽回的损失。

（4）教育质量风险。从某种意义上讲，教育质量是民办高等教育的生命线，也是影响民办高等教育投资风险的关键因素。没有好的教育质量，学校就没有好的信誉，因而没有好的生源，也就没有预期的收益。而教育质量的高低取决于多种因素：学校教学管理水平、教师教学水平以及生源质量。近几年，公立高校大规模扩招，民办高校不得不降低入学门槛，这无疑导致生源质量下滑。换言之，过度的扩招是以教育质量风险为代价的。教育质量风险的另一个重要因素是，学校招生规模扩大后，与之相应的师资力量和教学设施没有跟上来，在一定程度上影响了教育质量。在办学实践中，民办高校为筹措创办之初的巨额经费，或急于收回办学的投入，往往冒着被市场和需求控制的危险去尽力满足眼前目标，追求招生数量的最大化，以获得最大的经济收入。因此，相当一批民办高校都把在校生数超过万人作为学校短期的发展目标，以获取规模效应。但是，学校规模扩张必须建立在合理的内部组织机构和稳定的教学秩序以及各种设施、人力资源可容纳、可接受的基础之上。无视自身条件盲目追求规模的扩张，是暂时的短期行为，其结果必然会使民办高校遭受教育质量风险和办学效益的不经济。

2. 资金使用角度——固定资产投资风险和教育经费投资风险

按照资金用途，民办高等教育投资风险可分为固定资产投资风险、教育经费投资风险等。

（1）固定资产投资风险。固定资产投资是民办高等教育投资的重要组成部分。按照项目管理的基本程序，民办高等教育固定资产投资风险包括规划设计风险、完工风险、工程质量风险、债务风险、政治风险和经济风险等。规划设计风险是指投资者在民办高等教育固定资产投资中因贪大、求全、求新等带来的损失，如盲目征用大面积的土地、扩大房屋建筑面积、增加设备购置、提高资产购建标准等。完工风险是指由于固定资产项目建设工期延长、工程项目建设成本超支而给投资者带来的损失，如工程的工期延长、建筑标准提高都会增加固定资产的建造成本，工程成本超支会增加投资者的财务负担，降低投资者的收益率。工程质量风险是指由于工程设施或设备存在质量隐患而给投资者带来的损失。债务风险是指民办高等院校负债金额过大、负债成本过高、还本付息时间过于集中，不能按期偿还债务本息而给投资者带来的损失。政治风险是指足以影响民办高等教育投资（包括跨国高等教育投资）收益变动的国内外政治活动以及政府的政策、措施、法令等。经济风险是指影响民办高等教育投资收益波动的各种经济因素，包括经济增长情况、经济景气循环、利率、汇率变动、财政收支状况、货币供应量、物价、国际收支、人口、就业等。

（2）教育经费投资风险。教育经费投资是民办高等教育运行的基本条件，是投资者实现其投资目标的重要环节。民办高等教育经费投资风险包括个人及其家庭高等教育投资风险、出资办学者高等教育投资风险等。

个人及其家庭高等教育投资风险。个人及其家庭已经成为高等教育投资的重要渠道，其投资风险主要有经济风险、政治风险、管理风险、经营风险、财务风险、生产生活风险、专业风险、意外风险、就业风险、过度教育风险、收益风险和债务偿还风险等。生产生活风险是指由于进行高等教育投资而给投资者的生产和生活可能带来的不利影响，如贫困家庭由于供养子女上大学造成资金短缺、影响生产或生活水平下降，企业投资高等教育可能对其生产经营产生的不利影响。专业风险是指学生或学生家庭由于缺乏对所报考学校（包括国外留学学校）或所学学科专业方向的了解所造成的投资损失。意外风险是指学生在校学习期间发生各种事故或留学就读学校倒闭而给投资者带来的损失。就业风险是指大学生毕业后面临待业或失业而给投资者带来的损失。过度教育风险是指个人受教育的年限多于其实际从事工作所需要的教育年限而给投资者带来的损失。收益风险是指大学生毕业后就业工资收入低于平均投资收益率而给投资者带来的损失。债务偿还风险是指依靠借款完成学业的学生不能按期偿还贷款本息而给自己和家庭带来的损失或负担。

出资办学者高等教育投资风险。民办高等教育投资的主要目的是获得投资回报，其投资风险主要有经济风险、政治风险、管理风险、经营风险、财务风险、生源风险、竞争风险等。生源风险是指民办高等院校由于招生困难或招生计划不能实现而给投资者带来的损失，如部分民办高等院校所面临的招生问题。竞争风险是指民办高等院校由于生源质量不高、教师水平较低、教学条件不够完善、毕业生就业率低等而给投资者带来的损失。

5.2 民办高等教育投资风险成因分析

5.2.1 民办高等教育投资风险的外部因素分析

国家和地方的法规政策的健全程度对我国民办高等教育的生存和健康发展具有决定性的意义。法规政策可操作性越强，对民办高等教育越有利，民办高等教育投资的政策风险就越小。相反，如果制度设计模糊、操作性差、余留过宽的中间地带，则可能导致“寻租”行为，这样会抬高民办高等教育的交易成本，滋生其机会主义动机，民办高等教育投资在办学过程中无疑会遭受更大的制度性风险。

《中华人民共和国民办教育促进法》及《中华人民共和国民办教育促进法实施条例》的相继颁布是我国民办教育法制建设的里程碑，对促进民办高等教育的发展、规避办学风险具有积极意义。从另一个角度来看，目前民办高等教育法规政策还有很大的不足，极易诱发民办高等教育投资的政策性风险。这集中体现在以下几方面。

1. 产权关系界定不明晰

投资办学意味着产权的重要性，因而科学界定产权关系和合理安排产权制度是民办高等教育制度建设的核心内容之一。只有明晰的产权关系，才能吸引大量投资，才能减少经济运行中的不确定性，也才能使那些相关部门不当的“寻租”行为得到约束和控制。汪家缪在第九届全国人大常委会第二十八次会议上所作的《关于〈中华人民共和国民办教育促进法（草案）〉的说明》中指出：“学校产权的归属是举办者普遍关心的问题，是立法必须解决的一个重要问题。产权明晰，才能调动和保护投资人的积极性，保证民办学校正常运行，降低风险，有利于民办学校的稳定与发展。”反之，若产权不明晰、产权制度不完善，就会使出资者对投资民办高等教育的前景难以建立合理的预期，办学短期主义行为也因此难以避免。明晰的产权关系、合理的产权制度是规避办学风险的关键。

关于民办高等教育的产权问题，《中华人民共和国民办教育促进法》及《中华人民共和国民办教育促进法实施条例》虽然作了一些界定，但是这些条款只是作了原则性的规定，可操作性不强，很难使出资者对投资民办高等教育的前景建立合理的预期，不利于民办高等教育的长期稳定发展。《中华人民共和国民办教育促进法》第 35 条规定："民办学校对举办者投入民办学校的资产、国有资产、受赠的财产以及办学积累，享有法人财产权。"第 36 条规定："民办学校存续期间，所有资产由民办学校依法管理和使用，任何组织和个人不得侵占。"由这两条可以看出，民办学校的财产所有权归法人或学校所有，学校存续期间举办者和办学者不拥有学校的财产所有权。也就是说，投资人一旦投资民办教育，所投入部分资产的管理和使用权将归学校，而不再归投资者。第 51 条规定，民办学校在扣除办学成本等费用后，"出资人可以从办学结余中取得合理回报"。由此分析，民办学校的出资人实际上拥有一种受管制的剩余索取权。第 59 条明确规定，民办学校终止并进行财产清算时，在清偿"应退受教育者学费、杂费和其他费用""应发教职工的工资及应缴纳的社会保险费用""偿还其他债务"后，"剩余财产，按照有关法律、行政法规的规定处理"。这里，没有明确规定返还出资人的投入，也没有明确规定清算后"剩余财产"的归属，即对出资人投入资产的最终归属没有明确的规定。由此可见，《中华人民共和国民办教育促进法》关于民办高等教育财产权的规定存在着不足，即产权界定不周全、产权模糊和产权配置不当，这往往造成现实中存在的权利、责任和利益的缺失、不清楚和不对称等情况。比如，对民办高等教育财产权的界定只体现了国家与学校之间的权责关系、私人所有者和学校之间的权责关系；在产权的权能方面考虑了办学期间学校的法人财产权，而没有考虑投资者或举办人的私人所有权；允许出资人取得合理回报的规定也只是作为扶持与奖励的手段，而不是正式承认出资人对财产的收益权；清偿后的资产按有关法律、法规处理，只有投入机制，没有退出机制，收益与各自投入成本不相符。可见，《中华人民共和国民办教育促进法》对民办高等教育产权法律关系主体（投资人、举办者）的产权主体地位与权能所包括的所有权、交易权、收益权等权利与义务的内容规定不明，直接影响着办学实践中的产权关系。

模糊的产权制度给民办高等教育的健康持续发展带来的影响是十分不利的，从而增加了民办高等教育投资的风险。比如，这种制度安排会影响举办者投资民办高等教育的积极性，弱化社会资金对民办高等教育的投入，导致社会上的大量游资不敢贸然进入民办高等教育领域，限制了民办高等教育吸纳社会资金的能力，这使已经投资办学的一方在资金的需求方面受到很大的限制，加大了融资难度，增加了投资风险。

2. 合理回报制订不确定

合理回报一直是民办高等教育争论的焦点，也历来为投资者所关注。如何界定合理的回报率或回报区间正是本书研究的重点。《中华人民共和国民办教育促进法》第51条规定，民办学校在扣除办学成本等费用后，“出资人可以从办学结余中取得合理回报”。也就是说，民办学校的出资人可拥有一种受管制的剩余索取权。《中华人民共和国民办教育促进法实施条例》从程序性方面进一步明确了投资回报比例：“出资人根据民办学校章程的规定要求取得合理回报的，可以在每个会计年度结束时，从民办学校的办学结余中按一定比例取得回报。”同时规定，出资人不要求取得合理回报的民办学校和出资人要求取得合理回报的民办学校享受不同税收优惠政策，前者享受公办学校优惠政策，而后者所享受的税收优惠政策要等待国务院有关部门制订。这种对投资回报在政策法规方面的不确定性意味着民办高等教育出资者必须承担较其他投资项目更大的投资风险，才能获取相应的收益。需要指出的是，《中华人民共和国民办教育促进法》及《中华人民共和国民办教育促进法实施条例》所规定的“出资人可以从办学结余中取得合理回报”是作为一种奖励的形式出现的，并没有体现产权的利益内容。这将在无形中增加民办高等教育投资风险，容易引发投机和“搭便车”现象的发生。

在现实的办学实践中，由于“合理回报”缺乏可操作性及相关配套政策的支持，很多民办高等教育选择“不要求合理回报”。民办高等教育投资者投资办学要承担资产风险，却不能享有财产的收益权，显然是收益与投入成本不相符、权利与义务不对称。

3. 同等待遇政策空洞化

国家为鼓励发展民办教育，出台了许多优惠政策。但是，许多法规缺乏相关的配套制度，法规条款难以被细化、量化、具体化，原则的规定不能落实到管理实践中，造成了政策的空洞化。例如，关于政府资助问题，我国政府已认识到政府资助对民办高等教育可持续发展的重要意义。《中华人民共和国民办教育促进法》及《中华人民共和国民办教育促进法实施条例》明确规定：“县级以上各级人民政府可以设立专项资金，用于资助民办学校的发展，奖励和表彰有突出贡献的集体和个人。”“县级以上各级人民政府可以采取经费资助，出租、转让闲置的国有资产等措施对民办学校予以扶持。”这些展示了政府对民办教育的新姿态。但是，资助办法、资金来源以及资助方与受助方的权利与义务等却没有从制度上加以具体化，实际操作难度很大。

又如，《中华人民共和国民办教育促进法》及《中华人民共和国民办教育促进法实施条例》均原则上明确规定了“民办学校与公办学校具有同等的法律地位，国家保障民办学校的办学自主权。国家保障民办学校举办者、校长、教职工和受教育者的合法权益”，然而，它们都没有就如何保障民办学校的地位和权利作出具体、可操作性的规定。事实上，民办高等教育根本没有取得与公办高校同等的政策待遇地位，在税收优惠、土地征用、建设立项等方面，民办高等教育与公办高校的待遇相差悬殊，民办高校师生应享有的合法权利无法得到保障（如民办高校学生不能享受公办高校学生享有的公费医疗、国家助学贷款、国家奖学金等权利），侵犯民办高校权利的事件时有发生，而法规、条例对侵权行为也没有具体的处罚措施。政策的空洞化无疑增加了民办高等教育的交易成本，降低了民办高等教育抵御办学风险的能力。

4. 政策制度化程度不高，稳定性差

制度规则越稳定，行为人的预期越明确，就越能减少投资风险，进而促进社会资金进入民办高等教育领域。我国民办高等教育政策调整和不确定性突出体现在以下两次政策调整上：一次是出台《关于举办高等医学教育的若干意见》；另一次是下发《关于取消高等教育学历文凭考试的通知》。这两次政策调整对民办高等教育的发展产生了最深刻、最直接的影响，令举办者措手不及，有的学校因此走上了不归路。这种法规政策的不确定性往往会使民办高等学校面对政府管理时无所适从，在一定程度上降低了政策的权威性和可信度，消解了政府的管理效能，加大了民办高等教育办学风险。

5. 政府资助的缺失

从国际视野来看，大多数国家都通过建立财政资助制度对私立高校给予不同方式的资助。其中，日本是财政资助制度最为完善的国家。日本政府先后制订了《私立学校振兴团法》《私立学校振兴援助法》及《私立学校振兴援助法实施令》等一系列法规政策，从法律上规定了国家援助私立学校的目的、援助资金的来源、援助的范围、计算方法以及援助学校和受援学校各自的权利与责任。正是有了这一精细化、可操作的财政资助政策，日本私立高校获得了大量的政府财政援助金。这种资助在私立大学的经费中日益占有举足轻重的地位，并在1980年达到顶点。这年，国家资助的经费比例已占私立大学学校经费的29.5%。进入20世纪90年代之后，由于经济不景气，政府资助金的年增长率较低，但资助金占私立大学年经费总额的比例仍然维持在10%以上。政府财政资助不仅改善了日本私立高校的经营环境，缓解了私立高校的经费危机，有效地促进了私立高校教学质量的提升，还改变了私立高校与政府的关系（日本政府以公费资助为交换条件，控制了私立高校的发展，加强了对私立高校的监督和管理）。可以说，财政资助是日本私立大学摆脱危机，走上健康发展之路的重要条件。

除了美国和日本等发达国家之外，许多发展中国家对私立高等教育均有明确的资助政策。美国学者埃斯特丽·詹姆斯（Estelle James）对部分发展中国家和发达国家的有关资助材料进行了研究（见表 5-1）。其研究认为，大部分国家（所取样的国家中的 20 个）属于不提供常规资助或提供低资助的国家，政府提供的资助占私立学校经费的 25% 以下，其余部分则靠学校收费维持；较少部分（所取样的国家中的 12 个）属于提供高资助的国家，政府资助占私立学校经费的 65% 以上；介于这两者之间的国家一个也没有。但是，如果我们把发达国家和发展中国家分开来看，情况就不一样了。大多数发展中国家（16 个中的 14 个）属于低资助类（19 世纪许多国家也属此类），而大多数发达国家（15 个中的 9 个）属于高资助类。其结论是“在经济发展的早期阶段，私立学校主要依靠收费维持；当经济发展起来以后，政府资助成为私立学校经费的主要来源”。

表 5-1 各国政府资助类型及资助内容

资助类型	国家和地区	资助内容
没有常规资助	阿尔及利亚、布隆迪、希腊、意大利、马达加斯加、马里、尼日利亚、瑞典、坦桑尼亚	偶尔提供资助
提供间接资助	英国、日本（1960 年）、约旦、韩国、危地马拉、墨西哥	①税收优惠 ②低息贷款 ③为学生提供贷款及奖学金
提供部分资助	玻利维亚、巴西、巴基斯坦、秘鲁、塞内加尔（1980 年后）、印度的部分省、印度尼西亚、利比亚、菲律宾	①提供课本、食物及仪器设备 ②为每所学校派 1 ～ 2 名教师 ③资助教师进修 ④提供小额资助 ⑤提供使用校舍的租金或提供设备
提供几乎全部工资	比利时、丹麦、德国、法国、卢森堡、尼德兰、新西兰、挪威、英国	①支付所有教师工资 ②根据情况，资助其他项目 ③提供部分资产

资料来源：张志义．私立、民办学校的理论与实践[M].北京：中国工人出版社，1994：304.

当前，我国在发展民办高等教育实践中提出“办学经费自筹”，原则上说是对的，但在办学过程中，尤其是在发展过程中似乎不应理解为政府无须给予必要的资助。从我国发展民办高等教育的现实条件来看，当前民办高等教育在发展过程中经费极度紧张，许多学校几乎到了无法维系的地步，如果没有来自其他方面的资助，学校就难以生存，更谈不上发展，办学财务风险和质量风险不可避免。资助政策的空缺将进一步加剧民办高等教育资金困难，促使民办高等教育的办学行为更加市场化。

此外，政府在民办高校的办学征地、建设配套费减免、校办产业、用水用电等方面不能做到与公办高校一视同仁。同时，民办教育政策的人为化程度还相当高。现实中民办高等教育的发展与否、发展快慢在很大程度上取决于主管领导的意愿，主管领导个人的价值取向、态度从某种意义上决定着某一高校的命运。只有那些有特殊关系或较强公关能力的民办高校，才能得到其他学校无法享受的优惠政策和特殊待遇。因此，就民办高等教育的总体而言，公平、规范的政策环境还没有真正建立起来，政策执行的“虚位”现象还普遍存在。

6. 社会歧视与偏见

观念影响和决定行为。一种新观念战胜传统观念需要一个长期的过程。经过多年的积淀和民办高等教育办学成就的正面展示，目前社会各界对民办高等教育的地位和作用的认识有了提高，观念正在转变。但就总体而言，认识还很不够，社会接受度仍然不高，根本原因就在于传统“官尊民卑”观念的束缚。

受两千多年专制主义政治文化的影响，我国“官本位”观念根深蒂固，“官尊民卑”思想渗透在广大百姓意识之中，积淀为我国民族心态的重要部分。这种思维反映在普通大众方面就是对私立教育的不信任、不放心。虽然我国私学有几千年的历史，但是统治者始终把教育看作维护国家统治的重要工具、构建社会秩序的基石，从而实施严格的文化专制。因此，官学始终是正宗主体，是“显学”；私学始终居于次要地位，扮演的是配角。这一社会历史传统作为一种深层结构与社会心理，即使在现代社会转型的过程中依然发挥着持久的作用，制约着当代和未来民办高等教育的发展。

在许多人甚至一些教育主管部门的思想观念中，存在着“多余论”“冲击论”“营利论”“过渡论”“怀疑论”这五种论调。这“五论”的盛行影响了人们对民办高等教育诸多的正确判断。2009年，国家教育发展研究中心的调查问卷也进一步证明了“官尊民卑”的传统观念对民办高等教育的影响。在168份问卷中，有 55% 的人认为影响我国民办高等学校发展的因素是“歧视与偏见”，排在各项影响因素之首（见表 5–2）。

表 5–2　影响我国民办学校发展的因素（N=168）

序　号	内　容	所占比例 /%	序　号	内　容	所占比例 /%
1	社会歧视与偏见	55.0	8	办学条件差	13.3
2	政策法规不健全	51.3	9	生源素质差	12.6
3	生源短缺	44.9	10	学生就业难	12.6
4	社会不承认学历	31.6	11	内部管理	6.3
5	无序竞争	25.3	12	教师队伍	5.6
6	行政干预多	19.0	13	其他	1.9
7	管理不到位	19.0			

民办高校毕业生在就业方面遭遇冷落。《中华人民共和国民办教育促进法》明确规定：民办学校的受教育者在升学、就业、社会优待以及参加先进评选等方面享有与同级同类公办学校的受教育者同等权利。但在现实中，民办高校的学生在享受待遇上仍然无法与公办高校的学生相提并论。

比如，在就业上，很多民办高校毕业生面临“毕业即失业”、求职遭冷落乃至歧视的艰难境地，就业歧视成为影响民办高校毕业生就业难的主要因素。又如，大多数民办高校学生不能享受公办大学学生所能享受的国家助学奖学金、国家助学贷款等。吴淑姣的调查表明，公办与民办高校学生获得助学贷款的百分比分别为 6.69% 和 1.16%，获得奖（助）学金的机会分别为 56.6% 和 41.0%。这种不公正待遇不仅影响了较低收入阶层子女接受高等教育的机会，还使民办高校学生因为受到不公平待遇而感到自卑。

因此，许多高中毕业生和家长不愿选择民办高校就读，将就读民办高校视为一种无奈的选择。高中毕业生复读（包括高分复读）现象愈演愈烈。据统计，有些省份近几年每年有数万甚至十几万的考生选择复读。例如，2006 年，甘肃省的 24.8 万高考报考者中复读生近 9 万人，占甘肃报考总人数的 36.2%，是复读生报考人数较多的一年。在高考大省山东，考生的普遍观念是高考就是上本科，上名牌高校，否则就择校复读，因此该省每年高考报考者中有近 1/4 的往届生，在 2004 年高考中的往届生达 15.4 万人。民办高校即使不比公办高校差，一般也不会成为学生和家长的优先选择。可以说，这种因社会公众求学观念的偏差而导致的生源不足的危机时时威胁着民办高校的生存与发展，一些民办高校由此而越来越被边缘化甚至倒闭。

民办高校教师受歧视。《中华人民共和国民办教育促进法》第 5 条明确规定：民办学校与公办学校具有同等的法律地位。但由于对民办高校教师在任职、休职、辞职、免职、一般权利、处罚条件等方面没有细化的规定，使民办高校教师的医疗保险、住房、职称评定、养老保险等方面的问题往往不能得到有效解决。公办高校和民办高校的教师职位形成巨大的差异性（见表 5-3），使民办高校很难吸引优秀人才加盟，许多教师到民办高校工作只是一种无奈的选择，刚毕业的学生把民办高校作为跳板或实习基地，许多教师缺乏在民办高校长期工作的打算。2008 年 10 月至 12 月，据杭州时代教育管理咨询有限公司对湖北省、浙江省和江苏省的 460 所公立学校和民办学校进行的调查显示，愿意到民办学校的教师不足 40%（见图 5-1）

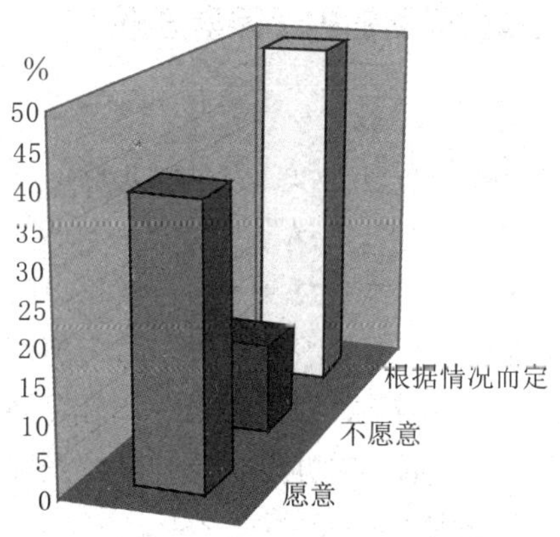

图 5-1　执教民办高校的意愿统计

表 5-3　公办与民办高校教职工职位比较

	公办高校职工	民办高校职工
单位性质	事业单位	民办非企业单位
保障系统	事业保险、财政出资	企业保险（商业）、学校出资
	携带保险、自由流动	携带保险、圈内流动
人事关系	组织部（人事局）管理	人才交流中心存档
干部政治待遇	可横调到党政机关	不可能
	有资格报考副县级以上职位	不可以
社会地位	职位具有吸引力	自由职业者职位

民办高等教育管理被忽视。多余论、冲击论、营利论、怀疑论、过渡论这五种论调尽管只是公众对民办高等教育的认识，并非政府的主张，但公众的意见必然会在一定程度上影响政府对民办高等教育的价值判断，最终影响政府对民办高等教育地位的政治认同和管理。因此，作为社会公众的代表，政府有责任也有义务引导社会观念的变革，为民办高等教育健康发展营造良好的社会氛围。

5.2.2　民办高等教育投资风险的内部因素分析

1. 办学理念与定位的偏差

科学的办学理念是对大学本质和时代特征的正确反映，能科学地指明学校的前进方向。没有科学的办学理念，大学教育的行为是短期的，目标是片面的，发展是被动的。正如德国著名的社会学家马克斯·韦伯所指出的，直接决定人们行为的是利益，但是理念往往像扳道工，规定着利益驱动行为前进的轨道。科学的办学理念对高校的发展具有导向作用。当前，我国相当一部分民办高校举办者办学思想不端正，对投资办学的认识存在偏颇，对办学定位与学校发展规划缺乏清晰的认识，其结果往往导致学校因决策失误陷入风雨飘摇之中。

（1）办学思想的模糊。综观我国民办高等教育发展的现状，许多民办高校是在热情与市场刺激作用下发展起来的。在一定时期内，这种热情可以带来民办高等教育的发展和繁荣，但从更长远的目标看，民办高等教育的发展必须注入理性的思考，尤其需要科学的指导思想。在我们的调查中，有相当一部分民办高校的领导者和管理者对高等教育基本理论及国内外高等教育发展等重大问题的理论储备明显不足，尤其在办学指导思想上缺乏科学的理论支撑。例如，有的民办高校举办者基于“以最小的投入在最短的时间内获得更大的收益”的办学理念，将办学纯粹作为营利性行为来运作，以期通过办学达到敛财致富的目的，其办学行为严重扰乱了民办高等教育的正常秩序；有的举办者则把办学当成一种尝试，完全用企业经营管理思想办学，在提高办学效益的同时，忽视了教育自身的规律，片面追求办学经济效益，片面追求学校规模，而忽视教育质量的提升；还有的举办者的办学指导思想不端正，对坚持社会主义办学方向和教育事业的公益性原则存在认识上的偏差，将办学作为谋取个人和组织利益的途径，注重经济效益，忽视社会效益；等等。这种现状深刻揭示了民办高等教育界存在着深刻的理论危机和高等教育理念危机，这将是影响民办高等教育健康发展的主要因素。相比较而言，理论危机比其他表象问题带来的后果更严重，对此必须有清醒的认识。

（2）对投资办学的特殊性及其风险的认识不足。众所周知，我国民办高等教育发展到今天，走的是一条特殊的道路，既不同于我国历史上的私学之路，又不同于西方国家的私立高等教育之路。我国民办高校大多是由社会力量投资兴办的。但是，投资教育与投资企业有着很大的不同，其本质属性与风险系数也不同。一些投资者由于对投资教育缺乏清晰的认识，没有充分认识到教育投资的风险性，进而导致一些民办高校办学失败。对投资办学特殊性及其风险的认识不足是导致当前一些民办高校办学风险骤增的重要原因，诚如邬大光所指出的：“我国今天民办高等教育发展遇到的各种困境，几乎都与对投资办学的特殊性认识不足有关。”

（3）过分高估目前环境下民办高等教育的发展空间。民办学校的举办者对学校的办学规模、办学层次、办学类别、专业设置等应有一个宏观规划和分步实施计划，对发展空间与前景应有清醒的认识。然而，不少办学者过分高估了民办高等教育的发展格局，乐观地认为我国高等教育生源市场仍十分广阔，投资民办高等教育大有前途，因而或仓促办学，或盲目扩大办学规模，企图两三年内跨入万人学校行列。不料，在办学过程中，或因后续办学资金不足，开工项目太多，形成烂尾工程，不仅新生没有招进来，还使老生严重流失，导致全军覆没；或因招生成本越来越高，招生越来越困难，连续几年在招生问题上惨遭“滑铁卢”，而不得不倒闭或濒临倒闭。

还有的民办高校错误估计当前民办高等教育发展形势。这些民办高校在办学初期，因抓住了历史性机遇，轻而易举地淘到了第一桶金，以后便错误地把这一机遇永恒化，误认为这是个人慧眼识世事、超凡能力的表现，而忽视了随着民办教育大环境的不断变化，学校的办学活动也要不断变化。在20世纪90年代，办学不讲究办学条件，靠租借场地、聘兼职教师、利用公办学校或企业的设备等开展教学活动完全可以维持学校的正常运转。进入 21 世纪，民办高校向自有场地、自建校舍、自购图书和设备以及建立一支专职骨干教师队伍转变，并且要提供较好的学习、生活条件。没有与时俱进、及时作出调整的学校最终都难免会导致学校衰落甚至停办。比如，20 世纪 80 年代，医学类人才奇缺，一时间举办医学类院校风起云涌，河北省仅中医专业类民办院校就达四十余家。此时，医学类的自考助学院校得以快速发展。由于社会需求量大，该类院校都被一时的风光冲昏了头脑，很少有大兴土木建校址的，都是在十分简陋的租赁场地办学。但好景不长，在高等教育学历文凭考试和高等教育自学考试全部停办医学类专业后，这些院校因生源萎缩，又不具备改设其他专业的必要条件，几乎全军覆没。而现今的幸存者都是具有较好的办学条件，顽强坚持下来的。

（4）办学定位不合理，缺乏科学的发展战略。著名战略研究专家刘亚洲指出："什么都可以出错，战略不能出错；什么都可以失败，战略不能失败；战略的失败是最彻底的失败。"任何成功的高等学校都需要有发展战略，对办学宗旨、学校价值提升加以说明。现在相当一部分民办高校不明确自己的发展目标，没有把握好自身在整个高等教育体系中的科学定位，学校发展时常呈现无序的状态。由于缺乏科学规划的指导，因此学校对到底要"办成什么样的大学"这个问题心中无底。学校发展无目标，在招生工作中随意性大，没有计划，没有资源概念，过多注重经济效益，有多少考生就招多少考生，使学校资源严重短缺，供需矛盾突出，管理工作跟不上，事故隐患频现。有的民办高校对设置多少专业、设置什么专业、学科建设怎么搞不做研究，一味模仿公办高校，自然难以办出特色。有的民办高校在校园建设中好大喜功，好争"第一"，贪大求全，搞形象工程，对校园到底建多大、建哪些设施、估计投资多少均心中无数。有的民办高校基建规模大幅扩张，大量贷款，大搞基本建设，资金入不敷出，办学风险急剧上升。有的民办高校缺乏明确的定位和发展目标，全日制普通教育刚刚举办，连大专毕业生都还没有，却空喊建设"东方哈佛""民办清华"，热衷花大钱参与商业味很浓的全国"最大""最早""最高"等没有实质内容的评比，在广告和包装方面不惜血本，但在探索培养模式、提高培养质量和培育办学特色等方面投入不够，动作不多，使社会对民办高校的办学行为产生质疑。如果民办大学不能准确地设计自己的发展目标与选择合适的发展方向，"脚踏西瓜皮"式的办学模式肯定难以保持可持续发展。在高等教育市场竞争越来越激烈的形势下，只有发挥优势，扬长避短，准确定位与正确选择发展道路，才能使学校发展如鱼得水，大展身手。

2. 内部管理不规范

健全的管理制度与科学的经营管理是民办高校防范办学风险、促进自身发展的基础。当前，一些民办高校办学风险不断累积，有的走向倒闭，在很大程度上与自身的内部管理不善有很大关系。这集中体现在以下几方面：

（1）缺乏严格的法人治理体制。目前，我国民办教育机构在内部管理体制上主要存在两种模式，即董事会领导下的校长负责制和校长负责制。根据2007年教育部有关部门对159所民办高等教育机构的调查，实行董事会领导下的校长负责制的民办高等教育机构约占66%，实行校长负责制的占28%。由此可见，董事会领导下的校长负责制的管理体制是我国民办高等学校规范化管理的主要形式。董事会制度的优点是学校工作的决策层和职能部门各司其权，各尽其职，使决策与执行两方面都达到专深地步，工作运行会更加有秩有效。重大办学事务由董事会决定，能发挥董事的集体决策作用，保证决策的正确性，又有利于校长专心致力学校的全面管理工作，可以把工作做得更好，减少失误。

（2）财务管理混乱，预算管理不严格。财务管理是民办高校内部管理中的重要内容，相当一部分民办高校财务管理不规范：有的没有专门的机构；有的没有配备具有任职资格的专职财会人员，而多由出资者亲属出任；有的只有流水账，没有分类账；有的设有多个账户，甚至以个人名义开设账户，存在较大的风险。尤其是当前民办高校预算管理形同虚设，存在许多漏洞。民办高校预算管理在防范民办高校财务风险方面具有极其重要的地位，其好坏直接影响财务状况及财务工作的健康运行和发展。目前，我国民办高校预算管理存在着两大突出性问题：

①教育成本控制不严。民办高校会计核算是按照《高等学校财务制度》执行的，其收入和支出是按照收付实现制确认的。从理论上讲，或许它更能反映学校资金收支的全貌，更有利于控制学校收支的总体规模，但从实践来看，民办高校现行的会计核算制度往往会使财务信息无法及时反映教育成本，从而在编制预算时，也只是对一些数据进行简单的统计，确定所谓的教育成本，体现不出教育成本与效益的配比关系、资产的保值及收支结余等。

②财务预算执行不力。预算编制是否科学合理对预算的事中控制、事后分析检查将产生很大影响，同时对学校维护稳定、促进改革、保证教学科研的健康发展和各项任务的完成有着极其重要的作用。预算编制是预算管理过程中一个极其重要的环节。当前，由于民办高校教育事业经费供求矛盾十分突出，在预算编制科学性不足的情况下，预算调整的随意性时有发生，缺乏相应的控制措施。比如，预算下达后，对预算执行进度没能及时作出具体跟踪分析，对预算的执行缺乏民

主性，没有建立一套真正有效的监督机制。

（3）招生行为不规范，招生秩序混乱。民办高校办学经费主要来自学生的学费，因此各民办高校都有扩大办学规模的冲动。由于个别地方政府对民办高校疏于管理，社会对民办高校进行监督的渠道不完善，尤其是一些民办高校的举办者办学指导思想不端正，对坚持社会主义办学方向和教育事业的公益性原则存在认识上的偏差，将办学作为谋取个人利益和组织利益的途径，注重经济效益，忽视社会效益，因而在办学过程中盲目追求办学规模的扩大，甚至不惜一切代价采取一切手段来扩大招生数量，进而在招生过程中出现许多不规范的行为，常见的有以下三种。

第一种是含糊学历的误导式招生：为了吸引生源，有些民办高校往往在招生简章和广告中采用模糊性的词语，误导考生和家长。例如，使用“免试入学颁发国家承认学历”来吸引考生和家长。民办高等教育机构可以分为民办普通高校和民办非学历高等教育机构两类。民办普通高校具有颁发本科或专科学历证书的资格，其招生也都是国家计划内招生。选读这类学校的考生必须通过高考且成绩达到规定的录取分数线，才有可能被录取。而民办非学历高等教育机构的招生不在国家计划招生范围内，因此学生无须经过高考就可入学，但学生只有通过国家高等教育自学考试规定的全部课程，才能取得加盖主考普通高校及自学考试办公室印章的国家承认的学历文凭，而学校自行颁发的证书是不具有国家承认的学历证书性质的。但一些民办非学历高等教育机构都以“免试入学”可获得的自考学历是“国家承认学历”来欺骗考生和家长。

第二种是肆意造假的欺骗式招生。在利益驱动下，少数民办高校不惜以造假手段争取生源，聚敛学费。一些根本不具备本科教育资格，没有本科教育办学权和招生权的民办高校，受利益驱动，将学校名改为“学院”等虚假校名，以“公办招生”“发放本科毕业证书”等为诱饵欺骗学生。

第三种是“老生哄新生”的传销式招生。为了在招生大战中取得胜利，不少民办高校都有覆盖全国的招生网络，采取高额回扣的“提成招生”，将招生权委托给全国各地的中介机构和个人代理。代理人为了获得高额回扣，往往对学校进行夸大宣传，而一些高中毕业班班主任也成为民办高校的招生代表。在一些地方甚至出现了“老生哄新生，一届哄一届”的恶性循环。

（4）教学管理混乱，教育质量不高。由于目前社会上对民办高校教育质量的评价缺乏一套严格、科学、系统的评估标准，虽然有不少学校在努力按照教育规律办学，建立和完善各项规章制度，提高教育质量，但仍有相当一部分学校的教育教学管理缺乏规范性，还没有真正做到“以质量求生存，以特色求发展”，而是把大部分精力放在“抓生源、抓资金”上，使常规教学工作在学校的中心地位得不到落实，教学计划流于形式，更谈不上教研活动的开展。教育过程简化的现象更是较为普遍。教育过程本应是依据教育目的而确定的，要想调整，必须对所需人才规格进行充分论证后确定。一些民办高校在发展初期追求更多的是直观经济利益，这一导向必定使它们把发展的思想确定为“多”和“快”，使教育资源的发展与教育过程的实践不同步，不可避免地出现简化教育过程的现象。整体生源质量较差、教学设备滞后、教师资源紧张、课程设置不合理等问题仍较为突出。一项“学生对学校基本情况评价”的调查显示，在“课程评价”中，认为课程结构、教材开发与选用、教学方式为“一般”的比例最高，分别为46.2%、50.6%、51.2%。有的学者甚至用“质量危机”形容民办高校质量不足的问题，并将其与校舍不足、教师不足和理念匮乏并列为“民办高校四大危机”。提升教育质量，全面落实高等教育“质量工程”，实现民办高校从外延式发展向内涵式发展转变，仍是当前我国民办高校防范教育质量风险的当务之急。

3. 融资渠道不通畅

办教育是要花钱的，办高等教育尤其如此。现代化的实验设施、丰富的图书资料、高素质的师资队伍都离不开巨额的资金投入。尤其在科学技术日益占主导的知识经济社会里，随着知识和技术设备更新周期的日趋缩短、人才竞争的日趋激烈，高等教育成本越来越高，总的投入不断增加。有人将学校资金运行的特点概括为“足额、稳定、增长”。“足额”是指正常运行经费不能短缺，短缺必定影响教育质量；“稳定”是指经费到位及时，必须有足够的资金储备；“增长”则反映了教育成本变动的长期趋势。这六个字清晰地指出了教育投资不断增长的特点。对于自筹资金、自负盈亏的民办高校来说，通过学校经营、金融市场或其他途径获取办学所需的资金，保持正常的资金链的活动，是其日常经营和发展过程中一个至为关键的环节，在很大程度上决定着民办高校的生存和发展。当前，我国一些民办高校之所以停滞不前，甚至走向倒闭，是因为融资渠道不畅通，办学资金匮乏。

成功的资金筹集与运作是民办高校实现持续健康发展、防范办学风险的关键环节。我国民办高校大致有以下几种办学模式：公有民助模式、校企联合模式、民办公助模式、国有民助模式。尽管办学模式多种多样，投资主体各不相同，但民办高校的资金来源有以下几种渠道：创始人的投资、银行贷款、学费收入、捐赠收入、辅助设施盈利等。随着学校的不断发展，创始人最初投入的资本渐渐无法满足其发展，因而通过其他方式融资成为必要手段。然而，在办学实践中，民办高校筹融资处于困窘境地。

由此可见，民办高校的融资渠道是高度单一的，几乎全部依赖有限的学费和银行贷款。这种单一的筹融资渠道直接制约着民办高校的健康发展，降低了民办高校在办学过程中的抗风险能力。

5.3 民办高等教育投资风险评估

5.3.1 民办高等教育投资风险评估指标设置原则

民办高等教育投资风险指标体系的建立应符合民办高等教育投资的实际情况，简单适用，并且需要突出操作性强这一特点。本书通过综合分析、比较众多投资决策方法及指标体系，确立了建立投资风险评估指标体系的原则。

1.目的性原则

目的性原则就是对评价对象的本质特征、结构及其构成要素的客观描述应为评估活动的目的服务，为评估结果的判定提供依据，同时衡量指标体系是否合理有效的一个重要标准是看它是否满足了评估目的。

2.科学性原则

指标体系的科学性是确保评估结果准确合理的基础，主要包括以下几方面：①特征性。指标应能反映评估对象的特征，这也是指标这一术语的基本含义。②客观性。指标应尽可能从高校的具体情况出发，结合风险投资的实际操作，客观地揭示风险企业的本质特征。③准确性。指标的概念要正确，含义要清晰，尽可能避免或减少主观判断。④完备性。指标体系应围绕评估目的，全面反映评估对象，不能遗漏重要方面或有所偏颇，否则评估结果就不能真实、全面地反映被评对象。⑤可比性。指标体系的评估结果应在横向、纵向两个方面都可以进行比较，因此要求设计指标具有一定的规范性和可行性。⑥定性与定量相结合。风险企业的价值评估是各方面因素综合作用的结果，这些评估既有财务方面的评估，又有信誉与素质、技术方面的评估，要使这些指标全部量化是不可能的。牵强的量化无法准确评价风险企业的价值。因此，对那些无法定量描述的因素，必须用定性分析的办法加以描述和评价，以便能够全面、准确地评估民办高等教育的投资风险，因而要坚持定性分析和定量分析相结合、尽可能量化的原则。

3. 适用性原则

指标体系的设计应考虑到现实的可能性。指标体系应适用于评估的方式，适用于评估活动对时间、成本的限制，适用于指标使用者对指标的理解接受程度和判断能力。评估活动是一项实践性很强的工作，指标体系的适用性是确保评估活动实施效果的重要基础，具体可表现为以下几个方面：

（1）简明扼要。指标是对原始信息的提炼与转化，指标的采集会影响评估的精确性，但应避免因陷于过多细节而不能把握评估对象本质，从而影响评估的准确性。同时，指标的精练可减少评估的时间和成本，使评估活动便于操作。

（2）易于理解。在评估过程中往往涉及多方面的人员，如评估专家、咨询专家、管理者、决策者和公众，指标应易于理解，以保证评估判定及其结果交流的准确性和高效性。

（3）可行性。指标的采集是一项十分复杂而艰巨的工作，如果指标的条款过多，评价方法和程序又过于烦琐，则势必造成评价方法难以操作。因此，指标的设置应力求简明实用、可行性强。同时，与指标相关的信息应具有可采集性，并且可以通过各种方法进行结构化，以保证决策进程的顺利进行。

5.3.2　民办高等教育投资风险评估指标体系

根据民办高校投资风险的类型以及评估指标体系的构建原则，从民办高校财务风险、运营风险、发展风险 3 个维度构建出一个由 3 个一级指标、19 个二级指标构成的民办高校办学投资风险评估指标体系（见表 5-4）。

表 5-4　民办高校投资风险评估指标体系

	指标类型（一级指标）	指标名称（二级指标）	指标代码
民办高校投资风险评估指标体系	财务风险	教学公用支出年增长率	FR1
		固定资产年增长率	FR2
		年末借入款总额占总经费的比重	FR3
		年末净存款占总支出的比重	FR4
		年末总支出与总收入之比	FR5

（续表）

	指标类型（一级指标）	指标名称（二级指标）	指标代码
民办高校投资风险评价指标体系	财务风险	年末负债资金总额	FR6
		应收及暂付款占年末流动资产比重	FR7
		校资产负债率	FR8
		设备购置费	FR9
	运营风险	具有博士学位的教师比例	OR1
		办学经费自给率	OR2
		学生生均培养费	OR3
		学生生均设备费	OR4
		教职工人均获取经费额	OR5
		人员经费占总支出的比例	OR6
	发展风险	高级职称的教师比例	DR1
		在校生增长率	DR2
		生均教育经费变化率	DR3
		生均学杂费变化率	DR4

指标权重的确定方法主要有主观法与客观法两大类。本书利用文献提出的基于灰色关联分析确定指标权重的方法来确定指标的权重，该方法的具体步骤如下：

（1）确定母指标与子指标。一般选取对评价方案影响最重要的因素作为母指标，把母指标对应的指标值向量记为 $\boldsymbol{X}_0=(x_{10},\ x_{20},\ \ ,\ x_{n0})^T$，作为母序列；选取其他因素指标作为子指标，把子指标对应的指标向量记为 $\boldsymbol{X}_j=(x_{1j},x_{2j},\ \ ,x_{nj})^T$，$(j=1,2,\ \ ,m)$，作为子序列。

（2）分别对 $\boldsymbol{X}_0$，$\boldsymbol{X}_j$ 进行初值化处理，记 $x'_{i0}=x_{i0}/x_{10}$，$x'_{ij}=x_{ij}/x_{1j}$，$\boldsymbol{X}'_0=$，$(x'_{10},\ x'_{20},\ \ ,\ x'_{n0})^T\ \boldsymbol{X}'_j=(x'_{1j},\ x'_{2j},\ \ ,\ x'_{nj})^T$，可得初值化指标矩阵 $\boldsymbol{B}=(\boldsymbol{X}'_0,\ \boldsymbol{X}'_j)$。

（3）计算 $\boldsymbol{X}_j$ 与 $\boldsymbol{X}_0$ 的关联系数为

$$r_{ij}=\frac{\min\limits_{1\leqslant j\leqslant m}\min\limits_{1\leqslant i\leqslant n}\left|x'_{i0}-x'_{ij}\right|+\rho\max\limits_{1\leqslant j\leqslant m}\max\limits_{1\leqslant i\leqslant n}\left|x'_{i0}-x'_{ij}\right|}{\left|x'_{i0}-x'_{ij}\right|+\rho\max\limits_{1\leqslant j\leqslant m}\max\limits_{1\leqslant i\leqslant n}\left|x'_{i0}-x'_{ij}\right|} \tag{5-1}$$

得关联系数矩阵：

$$\boldsymbol{R}=(r_{ij})_{m\times n}$$

再对矩阵 $\boldsymbol{R}=(r_{ij})_{m\times n}$ 的列求平均数，得

$$r_j=\frac{1}{n}\sum_{i=1}^{n}r_{ij},j=1,2,\quad,m$$

上式反映了第 j 指标与母指标的关联程度，r_j 越大，说明第 j 指标与母指标越靠近，对待评价方案的影响越大，因此该指标在整个指标空间中所占的比重就越大。

（4）将 r_j ，$j=1,2,\quad,m$ 进行归一化处理，并令

$$\omega_j=r_j/\sum_{j=1}^{m}r_j,j=1,2,\quad,m \tag{5-2}$$

可将 $\omega=(\omega_1,\omega_2,\quad,\omega_n)^T$ 作为指标权重。

5.3.3 民办高校投资风险评估模型的构建

民办高校投资风险评估是用多指标综合评价问题。多指标综合评价的方法很多，常见的有层次分析法、主成分分析法、因子分析法、聚类分析法、多属性决策法、模糊综合评价法等。现有的综合评价方法大多为统计分析法，统计分析法需要建立在大样本数据分析的基础上，而我国民办高校的投资风险指标数据具有样本小、信息少的特点，利用传统的评价方法对民办高校的投资风险进行评估难以取得令人满意的结果。另外，利用传统的综合评估结果难以对民办高校的投资风险的高低进行科学划分。根据民办高校投资风险评估的目标与特点，结合灰色聚类评价的要素，本书利用灰色白化权评价思想构建出适合民办高校投资风险的评估模型。

1. 灰色白化权聚类模型基本原理

灰色白化权聚类是根据灰色关联矩阵或白化权函数将一些观测对象划分成若干个可定义类别的方法。属于同类的观测对象的集合可以看成一个聚类。灰色白化权聚类主要应用于监测对象是否属于事先设定的某个类别，以做区别对待与分类处理。灰色白化权聚类的基本原理是根据观测对象的多个特征指标，得到其属于每个灰子类的聚类系数，并依据聚类系数来判别该观测对象所属的灰类。灰色

白化权聚类的核心是给出各个指标 j 隶属于灰类 k 的白化权函数 $f_j^k(x_{ij})$ 及权重 w_j。灰色白化权函数的确定方法主要有三种：累积百分频数法，基于中心点的三角白化权函数法，由定性分析或参照行业规范、国家标准确定的白化权函数法。其中，后两种方法是以定性分析为主的方法。这里将采用基于中心点的三角白化权函数法建立民办高校投资风险评估模型体系。

2. 基于中心点的三角白化权函数的灰色评估模型建模步骤

我们将属于某灰类程度最大的点称为该灰类的中心点。基于中心点的三角白化权函数灰色评估方法的具体步骤如下：

（1）假设将评估对象划分成 s 个灰类，据此将指标 $j(j=1,2,\ \ ,m)$ 的取值范围也相应地化为 s 个灰类。设 $\lambda_k(k=1,2,\ \ ,s)$ 为灰类 $k(k=1,2,\ \ ,s)$ 的中心点，即最可能属于灰类 $k(k=1,2,\ \ ,s)$ 的点。由此可将指标 $j(j=1,2,\ \ ,m)$ 和灰类 $k(k=1,2,\ \ ,s)$ 的取值范围界定为 $[\lambda_{k-1},\lambda_k]$，$k=1，2，\cdots，s$。对于第 1 个灰类的左端点 λ_0 和第 s 个灰类的右端点 λ_{s+1}，可以将 j 指标取值域向左、右延拓而得。

（2）同时连接 $(\lambda_k,1)$ 与第 $k-1$ 个小区间的中心点 $(\lambda_{k-1},0)$ 以及 $(\lambda_k,0)$ 与第 $k+1$ 个小区间的中心点 $(\lambda_{k+1},0)$，得到指标 j 关于灰类 k 的三角白化权函数 $f_j^k(\cdot)$，$j=1,2,\ \ ,m$，$k=1,2,\ \ ,s$。对于 $f_j^1(\cdot)$ 和 $f_j^s(\cdot)$，可分别将指标 j 的指数取值范围向左、右延拓至 λ_0、λ_{s+1}，可得指标 j 关于灰类 s 的三角白化权函数 $f_j^1(\cdot)$ 和指标 j 关于灰类 s 的三角白化权函数 $f_j^s(\cdot)$（见图 5-2）。

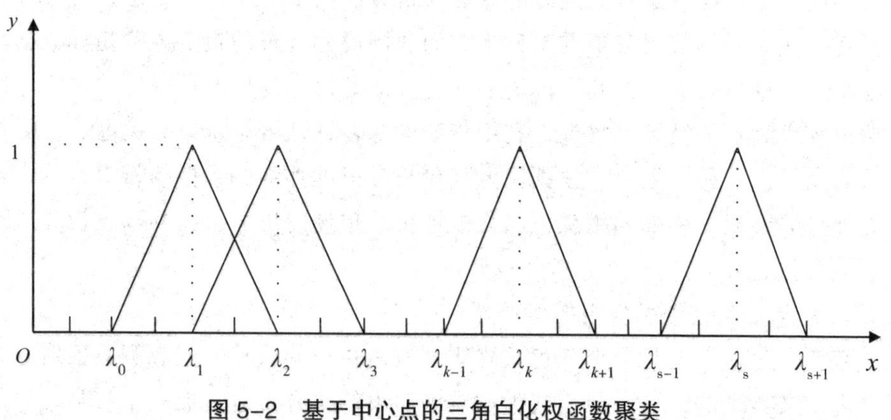

图 5-2　基于中心点的三角白化权函数聚类

对指标 j 的一个观测值 x，可由

$$f_j^k(x)=\begin{cases}0, & x\notin[\lambda_{k-1},\lambda_{k+1}]\\ \dfrac{x-\lambda_{k-1}}{\lambda_k-\lambda_{k-1}}, & x\in(\lambda_{k-1},\lambda_{k+1}]\\ \dfrac{\lambda_{k+1}-x}{\lambda_{k+1}-\lambda_k}, & x\in(\lambda_{k-1},\lambda_{k+1})\end{cases} \tag{5-3}$$

计算出其属于灰类 $k(k=1,2,\quad,s)$ 的隶属度 $f_j^k(x)$ 。

（3）计算对象 $i(i=1,2,\quad,n)$ 关于灰类 $k(k=1,2,\quad,s)$ 的综合聚类系数为

$$\sigma_i^k=\sum_{j=1}^{m}f_j^k(x_{ij})\cdot\eta_j \tag{5-4}$$

式中：$f_j^k(x_{ij})$ 为指标 j 灰类 k 的白化权函数；η_j 为指标 j 在综合聚类中的权重。

（4）由 $\max\limits_{1\leqslant k\leqslant s}\{\sigma_i^k\}=\sigma_i^{k^*}$，判断对象 i 属于灰类 k^* ；当有多个对象同属于灰类 k^* 时，还可以进一步根据综合聚类系数的大小确定同属于灰类 k^* 的各个对象的优劣与位次。

3. 民办高校投资风险评估模型步骤

根据民办高校投资风险评估的特点，将民办高校投资风险评估结果分为优、良、中、差（即无风险、低风险、中风险、高风险）四个不同等级，采用基于中心点的三角白化权聚类评估模型对民办高校投资风险进行评估。设有 n 个评估对象，m 个评估指标，评估对象 i 关于指标 j 的观测值为 x_{ij}， $j=1,2,\quad,m$ 。按照灰色白化权聚类评估模型对民办高校投资风险进行综合评价的具体步骤如下：

（1）根据民办高校投资风险评估指标的观测值建立评估指标观测中的矩阵 $\boldsymbol{A}=(x_{ij})_{n\times m}$ 。

（2）按照民办高校投资风险评估的要求划分评估等级，对各指标的取值范围进行相应划分。具体每个指标灰数的取值域划分及各指标在灰色聚类中的权重可以根据计算公式得到，指标权重可通过灰色关联分析法确定。

（3）构造指标 j 关于等级 k 的白化权函数 $f_j^k(\cdot)\ (j=1,2,\quad,m)$ 。将民办高校投资风险评估结果分为无风险、低风险、中风险、高风险四个不同的等级，对应的白化权函数分别记为 $f_j^1(\cdot)$ ， $f_j^2(\cdot)$ ， $f_j^3(\cdot)$ ， $f_j^4(\cdot)$ ，其中 $f_j^k(\cdot)$ 的构造方法按照基于中心点的三角白化权方法给出。

（4）计算民办高校 i 关于等级 k 的灰色白化权聚类评估系数为

$$\sigma_i^k = \sum_{i=1}^{m} f_j^k(x_{ij})\eta_j^k \tag{5-5}$$

（5）由 $\max\limits_{1\leqslant k\leqslant 4}\{\sigma_i^k\} = \sigma_i^{k^*}$，判定民办高校 i 投资风险所属的类别，并根据评估结果分析民办高校的投资风险情况。

4. 应用实例

下面我们利用构建的民办高校投资风险评估模型对河南省 A、B、C 三所民办高校的投资风险进行评估。相关数据均来自各个民办高校网站。为便于构建基于中心点的三角白化权函数和消除指标量纲的影响，将三所民办高校的投资风险指标观测值转化为百分制的指标值（见表 5–5）。

表 5–5　河南省三所民办高校风险指标换算值

	指标类型（一级指标）	指标代码	民办高校 A		民办高校 B		民办高校 C	
			原始指标值	换算值	原始指标值	换算值	原始指标值	换算值
民办高校投资风险评估指标体系	财务风险 FR	FR1		71		88		62
		FR2		70		89		63
		FR3		60		79		62
		FR4		66		78		75
		FR5		78		82		60
		FR6		68		90		74
		FR7		73		85		78
		FR8		76		74		69
		FR9		82		88		78
	运营风险 OR	OR1		72		78		66
		OR2		85		91		69
		OR3		80		85		70
		OR4		78		80		68
		OR5		75		89		78
		OR6		78		83		76

（续表）

	指标类型（一级指标）	指标代码	民办高校 A		民办高校 B		民办高校 C	
			原始指标值	换算值	原始指标值	换算值	原始指标值	换算值
民办高校投资风险评估指标体系	发展风险 DR	DR1		83		88		66
		DR2		85		80		70
		DR3		80		85		72
		DR4		82		80		62

可得三所民办高校的指标观测矩阵为下列 $\boldsymbol{A}$ 矩阵，其中 X_1~X_{19} 对应的是表 5-5 中的 FR1 ～ DR4：

$$\boldsymbol{A}=\begin{pmatrix} X_1 & X_2 & X_3 & X_4 & X_5 & X_6 & X_7 & X_8 & X_9 & X_{10} & X_{11} & X_{12} & X_{13} & X_{14} & X_{15} & X_{16} & X_{17} & X_{18} & X_{19} \\ 71 & 70 & 60 & 66 & 78 & 68 & 73 & 76 & 82 & 72 & 85 & 80 & 78 & 75 & 78 & 83 & 85 & 80 & 82 \\ 88 & 89 & 79 & 78 & 82 & 90 & 85 & 74 & 88 & 78 & 91 & 85 & 80 & 89 & 83 & 88 & 80 & 85 & 80 \\ 62 & 63 & 62 & 75 & 60 & 74 & 78 & 69 & 78 & 66 & 69 & 70 & 68 & 78 & 76 & 66 & 70 & 72 & 62 \end{pmatrix}$$

可构造如下基于中心点的三角白化权函数：

$$f_j^1(x)=\begin{cases} 0, & x\notin[80,100] \\ \dfrac{x-80}{90-80}, & x\in(80,90] \\ \dfrac{100-x}{100-90}, & x\in(90,100) \end{cases}\qquad f_j^2(x)=\begin{cases} 0, & x\notin[70,90] \\ \dfrac{x-70}{80-70}, & x\in(70,80] \\ \dfrac{90-x}{90-80}, & x\in(80,90) \end{cases}$$

$$f_j^3(x)=\begin{cases} 0, & x\notin[60,80] \\ \dfrac{x-60}{70-60}, & x\in(60,70] \\ \dfrac{80-x}{80-70}, & x\in(70,80) \end{cases}\qquad f_j^4(x)=\begin{cases} 0, & x\notin[50,70] \\ \dfrac{x-50}{60-50}, & x\in(50,60] \\ \dfrac{70-x}{70-60}, & x\in(60,70) \end{cases}$$

利用灰色关联分析法确定各指标的权重分别为 0.05，0.04，0.08，0.06，0.04，0.06，0.02，0.06，0.06，0.03，0.06，0.06，0.05，0.04，0.04，0.06，0.06，0.06，0.03。

根据各指标的实现值和权重数据，利用构建的各灰类三角白化权函数，可计算出民办高校 A、B、C 各指标的聚类系数和综合聚类系数矩阵，见表 5-6 至表 5-8 所列。

表 5-6　民办高校 A 各指标的聚类系数及所属的灰类表

灰　类	无风险	低风险	中风险	高风险	权　重
X_1	0	0.1	0.9	0	0.05
X_2	0	0	1	0	0.04
X_3	0	0	0	1	0.08
X_4	0	0	0.6	0.4	0.06
X_5	0	0.8	0.2	0	0.04
X_6	0	0	0.8	0.2	0.06
X_7	0	0.3	0.6	0	0.02
X_8	0	0.6	0.4	0	0.06
X_9	0.2	0.8	0	0	0.06
X_{10}	0	0.2	0.8	0	0.03
X_{11}	0.5	0.5	0	0	0.06
X_{12}	0	1	0	0	0.06
X_{13}	0	0.8	0.2	0	0.05
X_{14}	0	0.5	0.5	0	0.04
X_{15}	0	0.8	0.2	0	0.04
X_{16}	0.3	0.6	0	0	0.06
X_{17}	0.5	0.5	0	0	0.06
X_{18}	0	1	0	0	0.06
X_{19}	0.2	0.8	0	0	0.03
X（A）	0.096	0.465	0.275	0.016	

表 5-7　民办高校 B 各指标的聚类系数及所属的灰类表

灰　类	无风险	低风险	中风险	高风险	权　重
X_1	0.8	0.2	0	0	0.05
X_2	0.9	0.1	0	0	0.04
X_3	0	0.9	0.1	0	0.08
X_4	0	0.8	0.2	0.4	0.06

（续表）

灰　类	无风险	低风险	中风险	高风险	权　重
X_5	0.2	0.8	0	0	0.04
X_6	1	0	0	0	0.06
X_7	0.5	0.5	0	0	0.02
X_8	0	0.4	0.6	0	0.06
X_9	0.8	0.2	0	0	0.06
X_{10}	0	0.8	0.2	0	0.03
X_{11}	0.9	0	0	0	0.06
X_{12}	0.5	0.5	0	0	0.06
X_{13}	1	0	0	0	0.05
X_{14}	0.9	0.1	0	0	0.04
X_{15}	0.3	0.7	0	0	0.04
X_{16}	0.8	0.2	0	0	0.06
X_{17}	0	1	0	0	0.06
X_{18}	0.5	0.5	0	0	0.06
X_{19}	0	1	0	0	0.03
X（B）	0.462	0.400	0.062	0.024	

表 5-8　民办高校 C 各指标的聚类系数及所属的灰类表

灰　类	无风险	低风险	中风险	高风险	权　重
X_1	0	0	0.2	0.8	0.05
X_2	0	0	0.3	0.7	0.04
X_3	0	0	0.2	0.8	0.08
X_4	0	0.8	0.2	0.4	0.06
X_5	0	0	0	1	0.04
X_6	0	0.4	0.6	0	0.06
X_7	0	0.8	0.2	0	0.02
X_8	0	0	0.9	0.1	0.06

（续表）

灰　类	无风险	低风险	中风险	高风险	权　重
X_9	0	0.8	0.2	0	0.06
X_{10}	0	0	0.4	0.6	0.03
X_{11}	0	0	0.9	0.1	0.06
X_{12}	0	0	1	0	0.06
X_{13}	0	0	0.2	0.8	0.05
X_{14}	0	0.8	0.2	0	0.04
X_{15}	0	0.6	0.4	0	0.04
X_{16}	0	0	0.4	0.6	0.06
X_{17}	0	0	0	1	0.06
X_{18}	0	0	0.2	0.8	0.06
X_{19}	0	0	0.2	0.8	0.03
X（C）	0	0.192	0.358	0.434	

从表 5-6 至表 5-8 可以看出，民办高校 A 的总体评估结果最高值属于第二灰类，为0.465，即属于低风险类；民办高校B的总体评估结果最高值属于第一灰类，为 0.462，即属于无风险类；民办高校 C 的总体评估结果最高值属于第四灰类，为 0.434，即属于高风险类。

5.4　我国民办高校投资风险预警模型体系

5.4.1　我国民办高校投资风险预警模型体系的设计

民办高校投资风险预警模型体系主要包括民办高校投资风险预警指标体系、风险预警模型、预警信号识别系统、警情预报几个部分。其中，民办高校投资风险预警指标体系的构建是整个模型体系的基础，是民办高校投资风险预警模型建立的前提；民办高校投资风险预警模型是整个模型体系的核心，是衡量民办高校投资风险大小的方法与技术；预警信号识别系统就是根据民办高校的投资风险预警值和警限的设定建立起来的警度判别系统，主要是利用风险预警模型计算出的警度值与警限值的比较判别民办高校投资风险的大小，并发出预警信号。民办高校投资风险预警模型体系设计如图 5-3 所示。

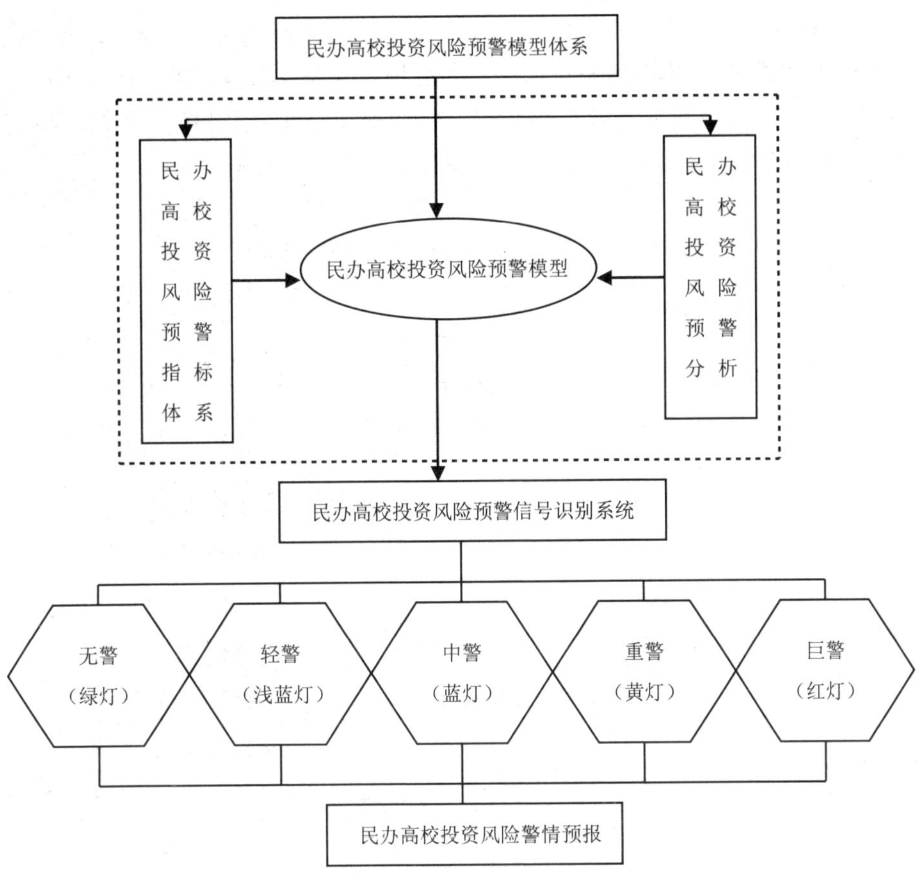

图 5-3　民办高校投资风险预警模型体系

5.4.2　我国民办高校投资风险预警指标体系的构建

民办高校投资风险预警的主要功能在于分析民办高校的投资风险，并对其发展趋势进行预测，根据发展态势对警情进行判断，及时采取应对措施，防止警情恶化，为民办高校的健康发展提供保证。根据民办高校的预警功能和要求，预警指标体系应能客观、全面地描述民办高校的投资风险情况，并能反映其投资风险的发展趋势。因此，民办高校投资风险预警指标体系的构建应遵循以下原则：①客观全面原则，即构建的指标体系要能客观、全面地表征民办高校的投资风险；

②先行性原则，即构建的指标体系中的指标应是先行指标，具有预测功能；③独立性原则，应尽可能地避免指标间的信息交叉与重复，通过科学剔除，选择具有代表性和独立性的指标构成预警指标体系；④可行性原则，即所构建的指标体系中的各指标具有较强的可操作性，指标值容易获得或容易量化处理。根据民办高校投资风险预警指标体系的构建原则，我们从民办高校政策风险、财务风险、质量风险、师资风险、生源风险5个维度构建出一个由5个一级指标、9个二级指标、24个三级指标构成的民办高校投资风险预警指标体系（见表5-9）。

表5-9　民办高校投资风险预警指标体系

	一级指标	二级指标	三级指标
民办高校投资风险预警指标体系	政策风险	政策变更情况	政策支持性
			政策的制度化
	财务风险	偿债能力	资金流动比率
			资金速动比率
			学校资产负债率
			学校偿债率
		财务运营能力	资产收入率
			有形净值债务率
			学校支出收入比率
		成长能力	学校年末垫付款占年末流动资金比重
			自有资金动用比率
	质量风险	基础设施建设情况	生均教育经费
			生均校舍面积
			生均图书数量
			百名学生多媒体计算机数
			生均教学科研仪器设备额
		学生培养质量	学生对教学的满意度
			学生获省级以上奖励数
		社会认可	毕业生就业率

（续表）

	一级指标	二级指标	三级指标
民办高校投资风险预警指标体系	师资风险	师资队伍建设情况	生师比
			高级职称教师比重
			每年流失的教师数所占比重
	生源风险	生源数量及质量	生源规模相对变化率（递增）
			高考成绩的位次

5.4.3　我国民办高校投资风险预警模型

功效系数的本质是各评价指标实际值在该指标全距中所处的位置的比率。功效系数法一般是先确定各指标的满意值与不允许值，满意值是指各指标可能达到的最优水平，不允许值则是指各指标不应该出现的最差水平。确定满意值和不允许值后，设计并计算各类指标的单项功效系数，然后根据各指标值的重要性确定各指标的权数之后用加权算术平均法求得平均数，该平均数即为被评估对象的综合功效系数，根据综合功效系数的大小即可进行警情预报。综合功效系数的计算公式如下：

$$\text{单项指标评分} = 60 + \text{单项功效系数} \times 40 \tag{5-6}$$

$$\text{单项功效系数} = \frac{(\text{实际值} - \text{不允许值})}{(\text{满意值} - \text{不允许值})} \tag{5-7}$$

$$\text{综合功效系数} = \sum \text{单项指标评分} \times \text{单项功效系数} \tag{5-8}$$

根据预警指标中各指标的特点，可将预警指标划分成三种不同类型：①效益型指标，该类型的指标值越大越好；②成本型指标，该类型指标值越小越好；③区间型指标，该类型指标在某一区间内为最佳。不同类型的预警指标其单项功效系数的计算方法不同，可对上述三种类型的指标设计不同的计算方法，如下：

$$\text{效益型指标单项功效系数} = \begin{cases} \dfrac{\text{实际值} - \text{不允许值}}{\text{满意值} - \text{不允许值}} \times 40 + 60, & (\text{实际值} < \text{满意值}) \\ 100, & (\text{实际值} \geq \text{满意值}) \end{cases} \tag{5-9}$$

$$\text{成本型指标单项功效系数}=\begin{cases}\dfrac{\text{实际值}-\text{不允许值}}{\text{满意值}-\text{不允许值}}\times 40+60, & \text{（实际值}>\text{满意值）}\\ 100, \text{（实际值}\leqslant\text{满意值）} & \end{cases}$$

（5–10）

$$\text{区间型指标单项功效系数}=\begin{cases}1-(\dfrac{\text{下限值}-\text{实际值}}{\text{下限制}-\text{下限不允许值}})\times 40+60, (\text{实际值}<\text{下限值})\\ 100, (\text{下限值}<\text{实际值}<\text{上限值})\\ 1-(\dfrac{\text{实际值}-\text{上限值}}{\text{上限不允许值}-\text{上限值}})\times 40+60, (\text{实际值}>\text{上限值})\end{cases}$$

（5–11）

上述公式中，实际值为数轴上的某一点，理想范围、允许范围、不允许范围如图 5–4 至图 5–6 所示。

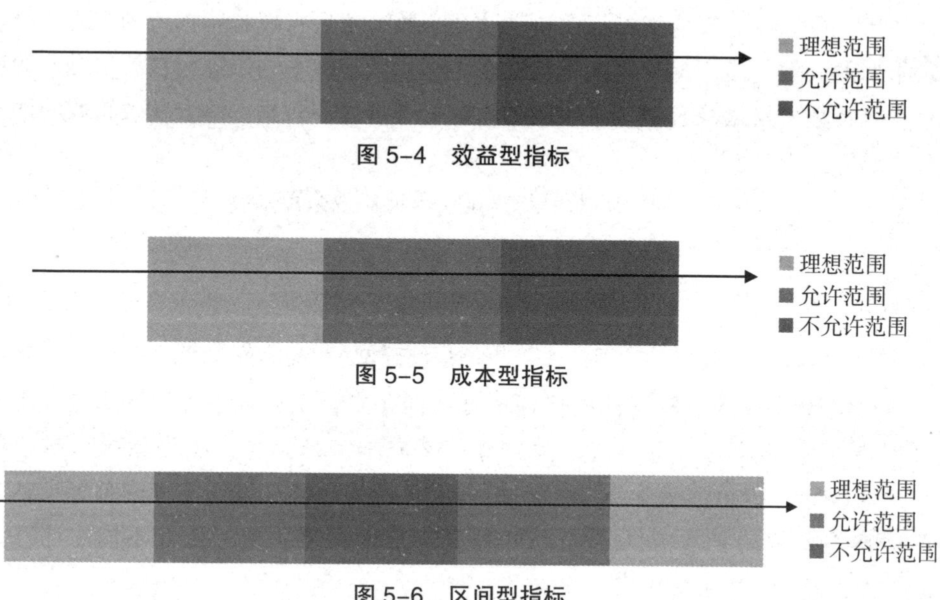

图 5–4　效益型指标

图 5–5　成本型指标

图 5–6　区间型指标

根据综合功效系数的数值大小，可将警情划分为相应的警限区间，见表 5–10 所列。

表 5-10　警限与综合功效系数

警　限	综合功效系数值	警　灯
巨警	≤ 60	红灯
重警	60 ～ 70	黄灯
中警	70 ～ 80	蓝灯
轻警	80 ～ 90	浅蓝灯
无警	≥ 90	绿灯

确定了各类警限的区间后，便可通过观测综合功效系数所在的区间监测警度，预报警情。

5.4.4　浙江 DH 学院投资风险预警的实证分析

浙江 DH 学院是一所经国家教育部批准设立的全日制民办普通本科高校，由浙江某教育集团投资举办。学校前身为创办于 1997 年 12 月的 ×× 职业教育专修学院。2001 年 4 月，经浙江省人民政府批准创建 ×× 职业技术学院，并于 2002 年 5 月正式成立；2003 年 11 月，成为全国创办国家级示范性软件职业技术学院的 35 所高校之一；2007 年 6 月，以优秀成绩顺利通过教育部高等院校人才培养工作水平评估；2008 年 4 月，经教育部批准升格为本科院校，并更名为浙江 DH 学院。

校园总占地面积 86.7 万平方米，建筑面积近 50 万平方米；现有教学仪器设备总值 7 450 余万元，馆藏各类图书 130 余万册；建有校内实验室、实训室 116 个，与企业共建校外实训基地 89 个。

目前，学校设有信息工程学院、机械与电气工程学院、经济与管理学院、外国语学院、艺术与传媒学院、人文学院、基础学院、软件学院、高职学院、社科部、公共体育部等九院二部，共 51 个本、专科专业；另设有成人继续教育学院、自学考试学院、国际教育学院等教学机构。全校教师 800 余人，专任教师中具有副高级以上职称人员占 33.9%，硕士以上学位人员占 45.9%；现有全日制在校大学生 15 000 人。

学校以举办全日制应用型本科教育为主，立足浙江，服务长三角，辐射全国；侧重面向信息技术产业、先进制造业、现代服务业和文化创意产业，逐步形成了“以应用型学科为主，工、经、管、文、理多学科协调发展”的学科专业建设格局；学校积极推进质量工程建设，以能力培养为主线，突出应用性、实践性、发展性，注重学生的个性与特长的发展，注重学生的人文素质和创意、创新、创业能力的培养，注重学生潜在发展能力、职业适应能力和职业迁移能力的养成；努力创建以应用型为特征的教学服务型大学，培养中小企业中高端技术、管理岗位需要的高级应用型专门人才。

1.指标的分析及其类型的确定

（1）流动比率（current ratio，*CR*）：流动资产对流动负债的比率，用来衡量企业流动资产在短期债务到期以前，可以变为现金用于偿还负债的能力。

$$流动比率=流动资产总额/流动负债总额\times 100\%$$

（2）速动比率（quick ratio，*QR*）：流动资产中可以立即变现的那部分资产，如现金、有价证券、应收账款等与流动负债的比率。

$$速动比率=速动资产总额/流动负债总额\times 100\%$$

流动比率和速动比率都是用来表示资金流动性的，即企业短期债务偿还能力的数值，前者的基准值是2，后者为1。

衡量企业偿还短期债务能力的强弱，应该两者结合起来看。一般如下：

资金流动性差：$CR<1.5, QR<0.5$；

资金流动性一般：$1.5\leqslant CR<2, 0.5\leqslant QR<1$；

资金流动性好：$CR\geqslant 2, QR\geqslant 1$。

（3）资产负债率：全部负债总额除以全部资产总额的百分比，即负债总额与资产总额的比例关系，也称之为债务比率。资产负债率的计算公式如下：

$$资产负债率=（负债总额/资产总额）\times 100\%$$

如果举债很大，超出债权人心理承受程度，企业就借不到钱；如果企业不举债或负债比例很小，说明企业畏缩不前，对前途信心不足，利用债权人资本进行经营活动的能力很差。从财务管理的角度看，企业应审时度势，全面考虑，在利用资产负债率制订借入资本决策时，必须充分估计预期的利润和增加的风险，在两者之间权衡利害得失，作出正确决策。

一般认为，资产负债率的适宜水平是40%～60%。对经营风险比较高的企业，为减少财务风险应选择比较低的资产负债率；对经营风险比较低的企业，为增加股东收益应选择比较高的资产负债率。

（4）学校偿债率（debt servicing ratio）：当年的还本付息额与当年收入额之比。它是分析、衡量外债规模和一个组织偿债能力大小的重要指标。国际上认为，一般企业的偿债率的警戒线为20%，发展中国家为25%，危险线为30%。当偿债率超过 25% 时，说明该企业外债还本付息负担过重，有可能发生债务危机。

（5）资产收入率：总收入与平均总资产的百分比。资产收入率反映了收入与资产占用之间的关系。通常，资产收入率越高，说明高校全部资产营运能力越强、营运效率越高。对于民办高校来说，收入主要是学生的学费。

资产收入率 = 总收入 / 平均总资产 ×100%

（6）有形净值债务率：企业负债总额与有形净值的百分比。有形净值是所有者权益减去无形资产净值后的净值，即所有者具有所有权的有形资产净值。有形净值债务率用于揭示企业的长期偿债能力，表明债权人在企业破产时的被保护程度。其计算公式如下：

有形净值债务率 =［负债总额 ÷（股东权益 – 无形资产净值）］×100%

有形净值债务率主要用于衡量企业的风险程度和对债务的偿还能力。该指标越大，表明风险越大；反之，则越小。同理，该指标越小，表明企业长期偿债能力越强；反之，则越弱。

（7）支出收入比率，即总支出 / 总收入。支出收入比率反映学校财务运营情况，分析学校当年预算支出的平衡关系，是反映学校隐性负债状况的重要指标。指标值大于 1，说明学校该年度出现赤字，动用了历年结余弥补赤字，财务运转出现困难。指标值不大于 1，说明学校财务运转正常。

（8）自有资金动用比率：计算公式如下。

（应收及暂付款中非正常周转垫款 + 年末对外投资 + 借出款）/（年末事业基金 + 年末专用基金 – 留本基金）

自有资金动用比率应在 100% 内。根据相关理论分析，为了保证自有资金动用的安全限度，比率值一般不要超过 20%。

（9）学校年末垫付款占年末流动资金比重：应收及暂付款项占年末流动资产的比重。本指标主要反映了高校资金使用的效益水平。

表 5–11 为浙江 DH 学院（民办）预警指标值。

表 5–11　浙江 DH 学院（民办）预警指标值

一级指标	二级指标	三级指标	指标类别	指标警限	DH 学院指标值
政策风险	政策变更情况	政策支持性	效益型	存在与否	存在
		政策的制度化	效益型	程度越高越好	程度低

（续表）

一级指标	二级指标	三级指标	指标类别	指标警限	DH 学院指标值
财务风险	偿债能力	资金流动比率	区间型	（1.5~2.0）	1.78
		资金速动比率	区间型	（0.5~1.0）	0.67
		学校资产负债率	区间型	40%~60%	70%
		学校偿债率	效益型	20%~30%	23%
	财务运营能力	资产收入率	效益型	$ROA>0$	12%
		有形净值债务率	成本型	50%	32%
		学校支出收入比率	效益型	$P\leqslant 1$	1.2
	成长能力	学校年末垫付款占年末流动资金比重	成本型	R<25%	30%
		自有资金动用比率	成本型	U<20%	18.5%
质量风险	基础设施建设情况	生均教育经费 / 元	效益型	≥ 12 000	
		生均校舍面积 /m²	区间型	9 ~ 22	6.5
		生均图书数量 / 册	区间型	50 ~ 100	29
		百名学生多媒体计算机数 / 台	效益型	N>10	7.5
		生均教学科研仪器设备额 / 元	区间型	3 000~5 000	3 100
	学生培养质量	学生对教学的满意度	效益型	>75%	80%
		学生获省级以上奖励数	效益型	越多越好，以平均数为参照	12
	社会认可	毕业生就业率	效益型	95%	93%
师资风险	师资队伍建设情况	生师比	区间型	11 ： 1~18 ： 1	18.5 ： 1
		高级职称教师比重	效益型	>25%	33.9%
		每年流失的教师数所占比重	成本型	< 5%	6%

（续表）

一级指标	二级指标	三级指标	指标类别	指标警限	DH 学院指标值
生源风险	生源数量及质量	生源规模相对变化率（递增）	区间型	$Q \geqslant 1$	1.08
		高考成绩的位次	成本型	与往年相比位次 $\leqslant 1$	1.1

说明：生师比 = 折合在校生数 / 教师总数；生均校舍面积 =（教学及辅助用房面积 + 行政办公用房面积）/ 全日制在校生数；生均教学科研仪器设备额 = 教学科研仪器设备资产总值 / 折合在校生数；生均图书数量 = 图书总数 / 折合在校生数；高级职称教师比重 = 具有副高级以上职务的专任教师数 / 专任教师数；百名学生多媒体计算机数 =（教学用计算机数 / 全日制在校生数）×100，具体要求均来自教育部关于印发《普通高等学校基本办学条件指标（试行）》的通知（教发〔2004〕2 号）；毕业生就业率采用平均就业率指标；浙江 DH 学院的预警体系指标的相关数值部分来自该学院网站数据，部分通过调研、访谈的方式获得。

2. 利用德尔菲法确定各指标权数及计算浙江 DH 学院的警限值

德尔菲法是为了克服专家会议法的缺点而产生的一种专家预测方法。在预测过程中，专家彼此互不相识、互不往来，这就避免了在专家会议法中经常发生的专家们不能充分发表意见、权威人物的意见左右其他人的意见等弊病，使各位专家能真正充分地发表自己的预测意见。

德尔菲法依据系统的程序，采用匿名发表意见的方式，即专家之间不得互相讨论，不发生横向联系，只能与调查人员发生联系，通过多轮次调查专家对问卷所提问题的看法，并反复征询、归纳、修改，最后汇总成专家基本一致的看法，作为预测的结果。这种方法具有广泛的代表性，较为可靠。德尔菲法的特点：吸收专家参与预测，可以充分利用专家的经验和学识；采用匿名或背靠背的方式，能使每一位专家独立自主地给出自己的判断；预测过程经过几轮反馈，使专家的意见逐渐趋同。

正是由于德尔菲法具有以上这些特点，才能在诸多判断预测或决策手段中脱颖而出。这种方法的优点主要是简便易行，具有一定的科学性和实用性，可以避免会议讨论时产生的害怕权威，随声附和，或固执己见，或因顾虑情面不愿与他人意见冲突等弊病；同时可以使大家发表的意见较快收敛，参与者也易接受结论，具有一定程度综合意见的客观性。

本研究采用该法主要是基于我国民办高等教育时间不够长，相关数据的获得难度较大，并且已有数据的连续性及真实可靠性较差，同时充分利用杭州地区高校集中、高教领域内专家云集这一便利条件进行权限的确定，最终确定的权限见表 5-12 所列。

表 5-12　预警指标体系权数表

<table>
<tr><th></th><th>一级指标</th><th>二级指标</th><th>三级指标</th></tr>
<tr><td rowspan="19">民办高校投资风险预警指标体系</td><td rowspan="2">政策风险（20%）</td><td rowspan="2">政策变更情况</td><td>政策支持性（40%）</td></tr>
<tr><td>政策的制度化（60%）</td></tr>
<tr><td rowspan="9">财务风险（30%）</td><td rowspan="4">偿债能力（30%）</td><td>资金流动比率（25%）</td></tr>
<tr><td>资金速动比率（25%）</td></tr>
<tr><td>学校资产负债率（25%）</td></tr>
<tr><td>学校偿债率（25%）</td></tr>
<tr><td rowspan="3">财务运营能力(55%)</td><td>资产收入率（40%）</td></tr>
<tr><td>有形净值债务率（40%）</td></tr>
<tr><td>学校支出收入比率（20%）</td></tr>
<tr><td rowspan="2">成长能力（15%）</td><td>学校年末垫付款占年末流动资金比重（50%）</td></tr>
<tr><td>自有资金动用比率（50%）</td></tr>
<tr><td rowspan="8">质量风险（15%）</td><td rowspan="5">基础设施建设情况（40%）</td><td>生均教育经费（20%）</td></tr>
<tr><td>生均校舍面积（20%）</td></tr>
<tr><td>生均图书数量（20%）</td></tr>
<tr><td>百名学生多媒体计算机数（20%）</td></tr>
<tr><td>生均教学科研仪器设备额（20%）</td></tr>
<tr><td rowspan="2">学生培养质量(35%)</td><td>学生对教学的满意度（60%）</td></tr>
<tr><td>学生获省级以上奖励数（40%）</td></tr>
<tr><td>社会认可（25%）</td><td>毕业生就业率</td></tr>
</table>

（续表）

	一级指标	二级指标	三级指标
民办高校投资风险预警指示体系	师资风险（10%）	师资队伍建设情况	生师比（40%）
			高级职称教师比重（40%）
			每年流失的教师数所占比重（20%）
	生源风险（25%）	生源数量及质量	生源规模相对变化率（50%）
			高考成绩的位次（50%）

根据式（5-4）至式（5-6），对照各自的指标属性，计算出各自的单项功效系数，然后再根据公式 $Q=\sum_{i=1}^{5} q_{ij} p_{ij}$ ，计算出浙江 DH 学院最终的综合功效系数为 81；对照表 5-10，可以发现该学院处于轻警状态。

5.5　本章小结

本章主要是对我国民办高等教育投资风险进行了分类。民办高等教育投资风险主要包含政策风险、市场风险、财务风险以及教育质量风险，并对不同类型的风险从外部因素和内部因素两个方面展开了较为详细的成因分析。外部因素是从宏观方面进行分析的，产权关系界定不明晰、合理回报制定不确定、同等待遇政策空洞化、政策制度化程度不高和稳定性差、政府资助的缺失、社会歧视与偏见是民办高等教育投资风险形成的主要外部因素；办学理念与定位的偏差、内部管理不规范以及融资渠道不通畅则是民办高等教育投资风险形成的主要内部因素。

在上述理论分析的基础上，构建民办高校投资风险评估指标体系，从民办高校财务风险、运营风险、发展风险 3 个维度构建出一个由 3 个一级指标、19 个二级指标构成的民办高校办学投资风险评估指标体系；利用灰色白化变权聚类思想构建出适合民办高校投资风险的评估模型，并进行实证；最后在单项、综合功效系数计算的基础上构建民办高校投资风险预警模型，并对该模型进行了实证分析。

第 6 章　我国民办高等教育不同投资主体投资的决策研究

《中华人民共和国民办教育促进法》规定，民办学校出资者可从办学结余中获得合理的回报，这使民办高校的出资者获得合理回报从法律角度得以确立。资本的逐利性特征决定了投资者对民办高等教育的投资也具有逐利性，民办高等教育投资需获得合理的回报。但是，从政府管理层面而言，不能让民办高校成为一个纯粹的营利机构，从而损害学生的利益。因此，如何确定民办高等教育的投资收益率和科学评价我国民办高等教育的投资效益，成为民办高等教育研究中亟须解决的重要问题。

6.1　基于合理回报率角度出发的民办高等教育投资基本原则

6.1.1　办学规模与办学质量之间的均衡

为了追求投资回报，在“规模出效益”思想的左右下，一部分民办高校热衷抢夺生源，不顾自身办学条件，盲目扩张。从 1999 年高等教育开始扩招至今，许多民办高校的办学规模迅速扩张，在校学生人数成倍增长。办学规模的迅速扩大导致许多民办高校教育资源严重不足。①校园面积不足，学生密度过大。喧嚣闹市式的校园人口很容易导致学生烦燥的心态，不利于安静有序的育人环境形成。②基础设施不足，生均占有量减少。宿舍、食堂、教室、活动场地以及实验设备紧张，学生生活条件的改善、教学活动和课外活动的安排比较困难，争享资源引发的各种矛盾时有发生。③教师数量不足。扩招前，高校的生师比一般在 10 ∶ 1 左右，而现在许多民办高校的生师比已经超过 18 ∶ 1，专业教师缺口较大，于是大量使用兼职教师，使教学过程存在较大的不稳定性，教学质量很难有效控制。从尽快收回投资回报的角度看，扩大办学规模确实能够起到“立竿见影”的效果。但是，学校规模的扩张并不是盲目的，它需要一定条件的支撑，既要在总体上与社会经济发展的程度相适应，更应与学校自身的办学条件、管理水平、经费投入相适应。无视自身条件，盲目追求规模的扩张，其结果必然会导致办学质量的下降。2006 年以后，我国高校扩招速度已经大幅放缓，民办高校过去那种一味追求规模扩张的发展模式已经难以为继。坚持质量立校，加强内涵建设，形成自身特色是民办高校现在也是未来一段时期的主要任务。

6.1.2　短期回报兼顾长远发展

由于我国的民办高校大多属于投资办学，许多举办者急于收回投资款，没有正确处理学校的长期发展和短期利益的关系。具体而言，比较突出的现象有以下几种：①只重招生数量，忽视生源质量。即使学生分数很低，只要交钱就能入学，这严重影响了教学质量，降低了学校的信誉度。②用于改善办学条件的投入少，每年学费收入大部分上缴董事会，用于办学的经费严重不足，而用于改善办学条件的经费更少。近几年，全国因办学条件不达标而被红牌警告的民办高校不在少数。③不重视人才储备和培养。师资主要依赖公办高校退休教师和兼职教师，教师队伍很不稳定。④只顾眼前利益，缺乏长远规划，对于学校的发展目标、定位不清晰，学校的文化建设、专业建设、品牌建设都缺乏整体设计。成功的办学经验告诉我们，为了学校的长远发展，宁愿牺牲短期效益，也要把好生源质量关。

发达国家优秀的私立学校是非常重视生源质量的，并通过吸引优秀的学生实现学校的品牌化经营和良性运转。改善办学条件、加强人才储备和培养，虽然在短期内可能影响到民办高校的收益，但这是学校长远发展的基础和保障。教育效益和产业效益同时出现，需要一个比较长的稳定发展时期。一般来说，民办高校在初创阶段由于需要兴建校舍、添置设备、招聘教师，投入要远远大于回报。因此，民办高校的决策者一定要看到办学的长期效益，着眼于在尊重教育规律基础上的可持续发展，千万不能只顾短期经济效益，而损害学校的长远发展。

6.1.3　经济效益与社会效益并重原则

教育具备高度的社会责任。投资办学不仅要考虑经济效益，还要考虑社会效益。然而，相当部分民办高校在办学过程中往往只追求经济效益，而忽视、淡化社会效益，其结果是高等教育的公共性和专业性被市场性和经济利益所淹没，进而引发了教育价值失衡、教育行为失范、教育品质恶化的现象。民办高校的社会效益主要体现在以下几个方面：①树立以人为本的理念，尊重、关心、爱护学生，营造有利于学生健康成长的育人环境；②立足于良好的教学质量，培养适应社会需要的合格人才；③依法办学，规范管理，树立良好的社会形象。经济效益是民办高校维护正常运行的基础，社会效益则是民办高校健康可持续发展的保证。因此，衡量一所民办高校办得是否成功，不仅要看其是否取得良好的经济效益，还要看其是否取得良好的社会效益。只有经济效益没有社会效益的民办高校依然是失败的。

6.2 基于政府视角的民办高等教育财政支持的决策分析

关于民办高等教育的性质，通过前面章节（第 2、3 章）的分析，可以得出，民办高等教育服务与公办高等教育服务在性质上基本相同，属于正外部性的准公共产品或服务。区别在于民办高等教育私人产品属性较强，因为此种教育服务具有较强的排他性，通过较高的学费可以将不付费者排除在这一教育服务之外。因此，民办高等教育与公办高等教育一样，应由市场和政府共同提供，教育服务的成本应由财政和受教育者共同负担。与公立高等教育有所不同的是，民办高等教育在资源配置中市场的作用更大，因而受教育者在教育服务成本负担中所承担的比重应更大。民办高等教育是具有正外部性的准公共产品，也是我国高等教育的重要组成部分，而财政支持是其持续健康发展的重要条件，因此公共财政应对民办高等教育予以支持。

6.2.1 民办高等教育的分类管理是财政支持的前提

民办高等教育是属于具有正外部性的准公共产品，公共财政应予以支持。但是，由于不同类型的民办高校的教育服务性质并不相同，所以财政支持的范围和力度也应有所区别。同时，民办高校的分类是政府对民办高校管理和民办高校内部管理面临的重要问题。《国家中长期教育改革和发展规划纲要（2010—2020 年）》提出了政府应对民办高校实行分类管理的明确规定，因此有必要针对民办高校如何进行分类、如何实施分类进行探讨。

1. 分类标准

笔者认为，应将民办高校区分为营利组织和非营利组织两类（王善迈，

2011）。区分的标准有以下三个方面：①办学结余或盈利是归于学校还是归于举办者。这里的办学结余或盈利是指在扣除办学成本、预留发展基金及其他必需的费用后所剩余的资金。②举办者的初始投入和追加投入所形成的学校固定资产是属于学校还是属于举办者。民办高等学校的投入包括举办者的投入、学费、政府各种形式的投入和社会捐赠投入等，其形成的固定资产应分类列入学校固定资产账户。此标准仅限于举办者投入所形成的固定资产。③学校办学终止时，在财产清算清偿债务后的剩余资产是归于社会公益还是归于举办者。

从制度规范来说，举办者对民办高等学校的投入应区分为投资和捐资（捐赠）两类。作为投资不是无偿的，目的是获取经济回报；作为捐资或捐赠则是无偿的，目的并非获取经济回报，而具有公益性。在此规范的基础上，民办高等学校的分类标准是办学结余和学校资产剩余的归属，或者说应是分辨举办者是否具有剩余利润和剩余资产的索取权。举办者具有剩余利润和剩余资产索取权的学校属于营利性民办高等学校，反之，则属于非营利性民办高等学校。

2. 两类学校的服务性质

作为营利组织的教育服务机构，提供的服务基本上属于私人产品，从性质上来说，与作为营利组织的工商企业没有本质区别，其终极目的是盈利或利润的最大化，而提供教育服务是手段；资源配置的基本机制是市场供求和价格，服务的成本最终由消费者即受教育者负担，这类服务的供给与需求本质上是市场交换关系。作为营利组织的教育服务机构，实行照章纳税、自主经营、自负盈亏的经营管理制度。营利性的民办高校所获收益由投资者和举办者自由支配，可以用于学校教育支出，也可以归于投资者和举办者所有，不存在所谓“合理回报”和使用去向等问题。由于其提供的教育服务具有正外部性，成本和收益不完全对称，公共财政应给予一定的支持。这种财政支持只是其服务成本的一种补充。

作为非营利组织的民办学校，从制度规范来说，应同公立学校一样，其功能是传承文明和传授知识。由于这类学校属于非公共服务机构，经费来源和服务成本的主要负担者是其服务的消费者，即受教育者及其家庭。学校收入大于支出的部分（即盈利部分）应用于学校教育支出，而不应归于举办者所有。由于其性质为非营利机构，公共财政应给予比营利学校更大的直接支持。

6.2.2　政府对民办高等教育的财政支持方式选择

鉴于我国区域间经济、财政、教育发展的严重不均衡，中央财政应对民办高等教育不发达的地区给予一定的支持，并且省、区、市和中央财政应将支持民办高等教育发展的资金列入同级财政教育预算。就财政支持方式而言，可采取直接支持和间接支持两类。

1. 国家财政直接支持的方式

直接支持是指国家财政对民办学校的直接拨款，可以从以下几个方面出发。

（1）基本支出补助。《国家中长期教育改革和发展规划纲要（2010—2020年）》规定，政府委托民办学校承担有关教育和培训任务拨付相应教育经费。因此，政府应给予必要的财政拨款，用于民办高校的正常运行，其中主要是公用经费，可视为基本支出补助。在省、区、市级财政预算教育支出类的高等教育支出中，可按一定的比例分配给民办高等教育，其补助上限可参照该地区民办高校生均公用经费低于公办高校生均公用经费的差额来确定。

（2）专项支出补助。包括民办高等教育在内的我国高等教育发展已从数量扩张进入质量提升和结构调整的新时期。提高高等教育质量的关键在于学科建设提升，结构调整包括层次结构和专业结构的调整。鉴于此，根据国家高等教育发展政策、民办高等学校的需要和条件，应给予民办高校一定的财力支持。在我国现行财政预算管理中，该项支出属于专项教育支出。因此，在省、区、市财政预算高等教育支出中，可安排一定金额或比例作为专项经费给予民办高等学校，用于发展重点学科、建设重点实验室以及教师社保等。

（3）奖励性补助。在制定民办学校评估标准的基础上，政府可以委托专业性的社会中介组织对民办高校进行评估，对提供优质教育服务和特色教育服务的学校，或对民办高等教育有突出贡献的个人，给予一次性奖励支持。

（4）科研支持。此种经费支持应视为竞争性资助，可采取招投标和政府委托的方式鼓励民办高校的科学技术研究，对符合条件的民办高校中标者和被委托者给予一定的财政支持。通过科研合同的形式，这部分经费不仅可以在民办高校之间，还可以在民办高校与公立高校之间展开公平竞争，科研能力强的学校得到的机会和相应的科研经费会更多。

（5）学生资助。高校学生资助应该不区分公立或民办的学校性质，凡是有资金需求的学生或家庭均应得到政府的资金援助。因此，对在民办高等学校就学的家庭经济困难的学生给予一定的补助时，资助方式应类同于公立高等学校。支持了学生，从某种意义上来说，也是支持了学校，既让学生增加了入读民办高等学校的机会，又让民办高等学校从更多的受教育者手中获得学费收入。

2. 国家财政支持的间接方式

间接支持指政策扶持与税收减免在内的资助，通过土地、税收优惠等方式对民办高校实施间接的经费支持。这部分资助能够减少学校支出，等于间接增加了对学校的投入。具体来看，主要包括以下几个方面：

（1）学校教育用地优惠。民办高校用地应纳入学校所在地的土地利用规划中。在民办高校的用地优惠方面，对于非营利学校，应视同公立高等学校，可采取无偿划拨或有偿转让制度；对于营利学校，在转让土地使用权时给予低于商业用地市场价格的优惠。

（2）闲置国有固定资产（建筑物和大型设备）转让优惠。用于学校教学的，对非营利学校可无偿转让或以低于市场价转让。

（3）税收优惠。对于学校各项税收（包括营业税、增值税、所得税、房产税、城镇土地使用税、印花税、耕地占用税、契税等），我国应缩小公立高校与民办高校在税收优惠政策上的差距。对于非营利学校，可按 2004 年《财政部 国家税务总局关于教育税收政策的通知》的规定给予税收减免优惠，视同公立高校；对于营利学校，财政部、国家税务总局尚未有具体规定。笔者认为，对营利学校的各项税收优惠应低于非营利学校，而且税收优惠的项目应和非营利学校有所区别。

（4）社会捐赠鼓励。国外私立大学筹资的社会捐赠所占比例非常高，一方面与这些国家的经济发展水平和私立大学的地位有很大关系，另一方面与这些国家对社会捐赠制定的所得税、财产税优惠制度有关。因此，我国对民办高校的社会捐赠应遵从《中华人民共和国公益事业社会捐赠法》的规定来执行，在未来开征财产类税（包括财产税、财产赠与税、遗产税等）后，政府应制定出更多的税收激励机制鼓励社会对民办高等学校捐赠，以增加学校教育投入。

6.3　基于三阶段博弈的民间资本高等教育投资决策分析

6.3.1　民间资本教育投资现状

纵览目前我国的教育投资结构，经过长期的调整与完善，初步形成了国家财政（政府）投资为主体，个人（或家长）投资为补充，民间资本（社会团体和公民个人办学以及社会捐赠）占重要地位的投资结构。我国教育资源短缺，政府投入不足，这给民间教育投资留下了发展余地与空间。不可否认，民间教育投资在缓解教育资金不足、增加教育机会方面发挥了重要的作用。1996—2009 年中国民间资本教育投资额见表 6-1。从表中的数据可以看出，民间资本的教育投资额自 1999 年后一直呈上升的趋势，但民间资本在我国教育总投资中所占比例仍然很少。从 1996 年到 2009 年间的统计数据中可以发现，民间资本占教育总投资的比例在 6%左右波动，从未超过 10%。同期发达国家，如美国、日本和德国的民间投资教育的经费占总教育经费的 20%～30%。中华文明历来有热衷文教的传统。随着国力的提高，民营经济的发展壮大，民间资本投资教育大有可为。同时，随着教育投资领域的逐步放宽和国家对民间资本准入门槛的降低，可以预见，未来很长一段时间内民间资本占教育总投资的比例会不断提高。在当前形势下，研究在民间资本投资教育的过程中，作为投资方的民间资本与办学方的学校如何采取有效策略增加自己投资权重，最终提高教育效率就显得十分必要和迫切。本节基于非对称信息博弈理论，建立了民间资本在投资过程中投资方与办学方博弈分析的三阶段模型，借此求得最优解，以分析教育投资与管理过程中双方的最优策略。

表 6-1　1996—2009 年民间资本投入教育经费额度

年　份	合计 / 亿元	社会团体和公民个人办学经费 / 亿元	社会捐赠经费 / 亿元	民间资本投资总额 / 亿元	所占比例 /%
1996	2 262.34	262.0	188.42	214.62	9.49
1997	2 531.73	30.17	170.66	200.83	7.93
1998	2 949.06	48.03	141.85	189.88	6.44
1999	3 349.04	62.90	125.87	188.77	6.44
2000	3 849.08	85.85	113.96	199.81	5.19
2001	4 637.66	128.09	112.89	240.98	5.20
2002	5 480.03	172.55	127.28	299.83	5.47
2003	6 208.27	259.01	104.59	363.60	5.86
2004	7 242.60	347.85	93.42	441.27	6.09
2005	8 418.84	452.22	93.16	545.38	6.48
2006	9 815.31	549.06	89.91	638.97	6.51

（续表）

年　份	合计 / 亿元	社会团体和公民个人办学经费 / 亿元	社会捐赠经费 / 亿元	民间资本投资总额 / 亿元	所占比例 /%
2007	11 346.41	653.89	95.46	774.96	6.83
2008	12 874.52	759.82	115.34	867.74	6.74
2009	14 009.81	847.31	114.27	983.49	7.02

资料来源：2008 年、2010 年《中国统计年鉴》，并经过整理；2008—2010 年《全国教育事业发展统计公报》；2008—2010 年《全国教育经费执行情况统计表》；2008—2010 年《中国教育经费统计年鉴》。

6.3.2　教育出资方与办学方努力博弈分析

在吸引教育投资的过程中，应尽量利用民间资本，以达到社会效益的最大化。下面就此问题建立一个动态博弈模型。若有某民间资本欲对某学校进行投资，其投资既可以是资金（资产），也可以是人力资源、无形资产等（均折算为投资额）。假设合作办学后的产出价值（包括有形资产和无形资产的价值）为 $V>0$（可以将之视为社会效益），民间投资额为 I，办学方的努力程度为 E，产出价值 V 由民间资本投资额 I 和办学方的努力程度 E 所决定。

假定民间资本先进行投资，由办学方选择努力程度。一般来说，民间资本投资额与办学方办学的努力程度是互补的。投资额越大（小），办学方的努力程度也就越高（低）；办学方的努力程度越高（低），投资额也越大（小）。于是，民间资本有可能策略性地提高投资额来激励办学方的努力程度。在此框架下，通过建立一个三阶段博弈模型，分析不同的产权安排方式对合作办学双方的策略行为以及产出效率的影响。

假设 V 具有 $C-D$ 生产函数的形式：

$$V=V(I,E)=I^aE^b, 0<a<1, 0<b<1$$

另外，假设 $C(I)$、$D(E)$ 分别为投资方投资额和办学方努力程度的成本函数。对办学方来说，随着努力程度 E 的增加，心理和生理的压力递增；对民间资本来说，随着投资额 I 的增加，其筹措资金的难度及风险会越来越大。设 $C(I)$, $D(E)$ 具有如下简洁的形式：$C(I)=I^2$，$D(E)=E^2$。

讨论一个三阶段的动态博弈。在第一阶段，投资方和办学方安排产出的产权分配。假定民间资本拥有产出价值的产权比例为 k（$0<k<1$），办学方占有比例为（$1-k$）。对于产权安排方式，我们考虑三种情况：①民间资本有权确定产权比例；②政府有权确定产权比例；③双方根据谈判能力的大小确定产权比例。在第二阶段，产权安排既定的条件下，民间资本选择投资，投资是不可逆转的。在第三阶段，产权安排和民间资本投资额已经给定的情况下，办学方选择努力程度 E，此时确定产出以及民间资本和办学方的收益大小。下面利用逆向法求解这个博弈问题。

1. 第三阶段——办学方努力程度 E 的选择

在已给定产权比例（$1-k$）和投资方的投资额 I 的情况下，办学方的收益为

$$R(E)=(1-k)V-D(E)=(1-k)I^{a}E^{b}-E^{2}$$

按照理性原则，办学方选择努力程度 E 以最大化其收益，令一阶条件为 0，得 $(1-k)bI^{a}E^{b-1}=2E$，解之得到反应函数：

$$E^{*}=[b(1-k)/2]^{1/(2-b)} \tag{6-1}$$

并且可得

$$\frac{\partial E^{*}}{\partial k}<0,\frac{\partial E^{*}}{\partial I}>0$$

这表明：①假定投资额不变，民间资本的产权比例越大，即办学方对产出的占有比例越小，办学方的努力程度越小；民间资本的产权比例越小，办学方拥有的产权比例越大，办学方会更加努力工作，这是显而易见的。②假定产权比例不变，投资额越大，办学方会越努力。这是由于投资额越大，办学方越努力工作，办学效率越高，产出也越大，办学方的预期收益也越大。这一点恰恰揭示了策略性行为的可行性。如果民间资本在第一阶段拥有安排产权的权利，为了激励办学方更加努力地工作，有两种方案可供选择，即提高办学方的产权比例或提高自己的投资额。

2. 第二阶段——民间资本投资额的选择

由于民间资本所占的产权比例为 k，其资金成本为 $C(I)$，利用反应函数式（6-1），得民间资本的收益：

$$R(I)=kV(I,E^{*}(k,I))-C(I)=kI^{\alpha}\{[b(1-k)\ I^{\alpha}/2]^{b/2}-b\}-I^{2}/2$$

将收益最大化，解得

$$I^{*}=I^{*}(k)=\left[\frac{ka}{2-b}\right]^{\frac{2-b}{2(2-a-b)}}\left[\frac{b(1-k)}{2}\right]^{\frac{b}{2(2-a-b)}} \tag{6-2}$$

再将式（6-2）代入式（6-1），得到办学方的努力程度为

$$E^*(k)=\left[\frac{ka}{2-b}\right]^{\frac{a}{2(2-a-b)}}\left[\frac{b(1-k)}{2}\right]^{\frac{2-a}{2(2-a-b)}} \tag{6-3}$$

分别对式（6–2）、式（6–3）两式取对数，然后求导，可以得到下列结论：当 $k=1-b/2$ 时，I^*（k）达到最大，即这种产权配置导致投资额最大；当 $k=a/2$ 时，E^*（k）达到最大，即这种产权配置会诱导办学方付出最大的努力。

3. 第一阶段——产权安排（分三种情况讨论）

（1）民间资本安排产权。在民间资本安排产权的情况下，民间资本选择 k 以最大化其收益 kV（I，E）$-C$（I），得到一阶条件，解之得

$$k=1-b/2 \tag{6-4}$$

这就表明，如果民间资本有权安排产权，那么民间资本的产权比例是 $k=1-b/2$，办学方的产权比例是 $b/2$，这正是使民间资本投资额（Ik）最大的产权配置。由于 $0<b<1$，所以 $b/2<k=1-b/2$，在民间资本安排产权时，民间资本的产权比例大于办学方的产权比例，超过了一半，而且与 a 无关。

（2）办学方安排产权。在办学方有权安排产权比例的条件下，也是选择 k 以最大化（$1-k$）V（I，E）$-D$（E）。利用求极值的一阶条件，得

$$k=a/2 \tag{6-5}$$

这就说明，如果由办学方安排产权，那么它就会确定自己的产权比例为（$1-a/2$），民间资本的比例为 $a/2$，这正好是导致办学方的努力程度 E（k）最大的产权配置。因为 $0<a<1$，有 $a/2<1-a/2$，办学方会安排自己的产权比例高于民间资本的产权比例，超过了一半，而且与 b 无关。

（3）谈判安排产权。如果由民间资本和办学方谈判安排产权，办学方当然希望得到的产权比例是（$1-a/2$），此时民间资本的产权比例是 $a/2$，而民间资本最希望得到的产权比例是（$1-b/2$）。因为 $0<a<1$，$0<b<1$，于是 $a/2<1-b/2$。设办学方与民间资本经过谈判得到的产权比例为 k，则 $a/2<k<1-b/2$。在特殊情况下，假设双方的谈判能力相同，那么谈判所得的产权配置就是两者意愿的平均值：

$$k^*=(a/2+1-b/2)/2=1/2+(a-b)/4 \tag{6-6}$$

由于产出函数 $V=I^aE^b$，则 a 和 b 分别度量了民间资本与办学方对产出的贡献，a/b 度量了双方对产出的贡献比。研究表明，民间资本和办学方对产出的贡献决定了谈判双方的基本状况。当 $a=b$ 时，表明双方对产出的贡献相同，谈判的结果是双方各得产权的一半；当 $a>b$ 时，对产出而言，民间资本投资对办学方努力程度相对重要，民间资本所得产权比例超过一半；当 $a<b$ 时，办学方的努力程度相对

于民间资本更为重要，办学方的产权比例超过一半。

注意到产出为

$$V = I^a E^b = \left(\frac{ka}{2-b}\right)^{\frac{a}{2-a-b}} \left(\frac{b(1-k)}{2}\right)^{\frac{a}{2-a-b}} \left(\frac{a}{2-b}\right)^{\frac{a}{2-a-b}} \left(\frac{b}{2}\right)^{\frac{a}{2-a-b}} k^{\frac{a}{2-a-b}} (1-k)^{\frac{a}{2-a-b}} \qquad (6\text{-}7)$$

将上式最大化，令一阶导数等于零，得到 $k=a/(a+b)$，此时民间资本与办学方的产权之比为 a/b，恰好等于双方对产出的贡献之比。

①无论是由民间资本安排产权（此时 $k^*=1-b/2$），还是由办学方安排产权（此时 $k^*=a/2$），都不能使产出（社会效益）最大。

②如果由谈判安排产权，若双方谈判能力相同，此时 $k^*=1/2+(a-b)/4$，一般情况下（$a \neq b$），也不能使产出（社会效益）最大；只有当 $a=b$ 时，此时 $k^*=1/2=k$，这种产权配置才会使产出（社会效益）最大。

③若通过谈判安排产权，但双方谈判能力不同，产权分配的均衡解将向着谈判能力强的一方移动。另外，通过比较可知 $a/2<k^*<1-b/2$，$a/2<k<1-b/2$，且当 $a>b$ 时，$k^*<k$，表明对于民间资本（办学方）来说，经过谈判安排的产权低于（高于）使社会效益最大的产权配置；$a<b$ 时则相反。

由式（6–7）容易得到：当 $0<k<a/(a+b)$ 时，V 是单调递增的；当 $a/(a+b)<k<1$ 时，V 是单调递减的。于是，当 $a>b$ 时，有 $a/2<k^*<k$，且 $V(a/2)<V(k^*)$，即若民间资本对产出的贡献比办学方大，此时如果由办学方安排产权，那么产出低于由谈判配置产权的产出；当 $a<b$ 时，有 $k<k^*<1-b/2$，且 $V(k^*)>V(1-b/2)$，即若办学方对产出的贡献比民间资本大，此时如果由民间资本安排产权，那么产出低于由谈判配置产权的产出；当 $a=b$ 时，由民间资本或办学方任何一方安排产权，都得到相同的产出，但低于由谈判配置产权的产出 $V(a/2)=V(1-b/2)<V(k^*)=V(k)=V(1/2)$。

4. 结论

通过前文的分析可以看出，在民间资本教育投资博弈中，学校产权的结构将直接影响其社会效益。在产权配置的博弈分析中，无论是由民间资本（投资方）还是由办学方安排产权，即便自己对产出的贡献很小，也会安排自己的产权比例高于对方。当然，如果对方对产出的贡献越大，则安排对方的产权也越大，但不会超过一半。在谈判能力相同的情况下，如果双方对产出的贡献一样，那么谈判得到的产权配置会导致产出（社会效益）最大。最后，在双方对产出的贡献不同时，如果由贡献小的一方安排产权，则会导致产出的低效率，不如由谈判配置产权的产出高。

6.4　基于家庭视角的民办高等教育投资非线性决策模型分析

人力资本投资主要包括对教育、培训、健康、迁移等的支出，但教育投资在接受教育者人力资本投资的各种形式中占据核心地位。这是因为个体的文化水平不仅是健康、培训和迁移等人力资本投资的基础，而且接受教育者受教育水平的提高可以进一步促进其在健康、培训和迁移等方面的人力资本积累水平。民办高等教育的投资实际上就是人力资本积累的一种方式。另外，教育投资具有投资周期长、投资风险大等特点，其投资决策在各种人力资本投资形式中更具典型性。因此，本节以接受教育者的教育投资作为典型，系统阐述接受教育者教育投资的成本、收益和风险，分析家庭资本对接受教育者教育投资决策的影响机制。家庭是社会的最基本经济单位，家庭行为尤其是接受教育者家庭行为不仅受到经济因素的制约，还受到社会文化和道德传统等非经济因素的影响。因此，对接受教育者家庭行为的研究要比个体行为的研究更具代表性。

6.4.1　接受教育者教育投资概述

根据我国目前经济、社会发展的现状，教育投资问题主要就是家庭对子女的教育投资问题。由于投资回收期长、投资收益风险大是教育投资的基本特征，接受教育者的家庭其实不可能准确预测到接受教育者接受一定程度的教育后，是否可以比不接受教育获得更高的收入，尤其是民办高等教育，其费用要远远高于公立高等教育的费用。因此，家庭对接受教育者的教育投资具有较高的风险。如果接受教育者家庭具有相当的经济实力，能抵御教育投资带来的资金风险，那么接受教育者家庭的资本状况就不会影响其对接受教育者的教育投资行为，民办高等教育的费用虽然较高，但是影响不会很高。相反，如果接受教育者家庭的资本，尤其是经济资本不太充裕，仅依靠家庭自身经济实力并不能提供足够的资金来抵御风险，那么接受教育者的家庭必然会根据自身对待投资风险的态度，对接受教育者教育投资的时间长短进行决策。

从投资回报角度来考虑，一般情况下，对接受教育者进行较长期的教育投资，使其获得较高水平的教育，以便将来可以进入较好的行业，从事收入相对较高的工作，那么接受教育者的教育投资成本就可以顺利收回，并且可能还会给接受教育者的家庭带来金钱回报以及其他非物质的回报；如果接受教育者虽然读了大学，但没有找到合适的工作，或者即使有了工作，但收入比较低，并不能补偿其前期的教育投资成本，那么接受教育者的教育投资成本将无法收回，其机会成本更是无法获得补偿，还有可能给接受教育者的家庭带来相当的债务负担。

但是，由于受我国民办高等教育的办学水平、社会认可度等因素的影响，当教育投资风险加大时，接受教育者很可能会减少或干脆不再进行教育投资。在此结合我国民办高等教育的现实情况，对接受教育者教育投资的成本、收益、风险进行论述，并引入社会学的家庭资本理论，建立接受教育者投资决策模型，探讨家庭资本对接受教育者教育投资决策的影响机制。

6.4.2 家庭教育投资的成本、收益及风险分析

1.教育投资的成本与收益

在普通资本市场上，只有当某种投资的收益大于其成本时，人们才会做出相应的投资决策。当接受教育者的家庭对教育投资及其数量多少进行决策时，同样会考虑投资的成本、收益以及两者之间的配比关系，更何况是费用较高的民办高等教育。因此，教育投资的成本—收益分析是接受教育者的家庭进行教育投资决策的基础。但是，由于教育投资的收益期较长，在当前技术条件下，人们难以对教育投资的未来收益做出较为精确的估算，因此计算教育投资的收益存在一定的困难。由于教育投资的产出是知识、技能等人力资本存量，因此可以把教育投资看作取得人力资本存量而发生的支出行为。由于这些人力资本存量的规模、结构决定着人力资本的质量，从而决定并影响人力资本所有者的预期货币（或货币等价物）收入。教育投资可以看作一种通过获得、增加、调整知识、技能、经验等人力资本存量以获取预期经济收益的活动。但是，教育投资作为一种特殊的人力资本投资活动，具有不同于普通类型投资的四大特征：①教育投资的周期较长，并且形成的人力资本存量只能依附于有生命的个体身上；②教育投资形成的人力资本普遍具有外部经济性或正“溢出效应”，教育投资同时是社会的基础性投资，因而教育投资的“投资回收期限”很难确定；③人力资本存量的价值可以通过人力资本存量的使用而保值增值；④随着社会经济的飞速发展，人力资本存量的更新速度越来越快，因而人力资本折旧也具有不规律性和加速性。教育投资决策的特殊性决定了在对其投资成本和收益进行分析时，必须考虑其特殊性。

（1）接受教育者教育投资的成本。一般情况下，接受教育者教育投资成本包括教育投资的直接成本（直接费用）和间接成本（间接费用）。接受教育者教育投资的直接成本是指家庭为接受教育者接受教育所发生的各种劳务和费用，包括

国家和社会的教育设施建设与配置费用、教师工资、学习费用、图书资料等费用。其来源包括两部分，即政府支出的教育经费和接受教育者个人需要承担的学习方面的费用（在第 5 章有较为详细的阐述）。接受教育者在考虑其教育投资成本时，主要考虑的是其个人或家庭需要支付的直接学习费用，这是接受教育者确定教育投资直接成本中货币性成本的主要组成部分。接受教育者个人因接受教育而额外增加的部分开支也可以计入教育投资直接成本。此外，教育投资直接成本还包括诱发成本支出，主要是指一些满足个体某种特别教育需要而发生的费用等。

接受教育者教育投资的间接成本主要是指个体因接受教育造成的机会成本、隐性成本和风险成本。所谓机会成本，是指个人因接受教育而放弃工作所导致的收入损失以及因进行教育投资而导致的诸如储蓄、证券等方面的利息收入损失或股票等方面的投资收入损失。一般情况下，教育投资的机会成本可以根据当期人力资本的市场价格以及物质资本的市场回报率进行估算。

风险成本是指由于市场信息的不确定性和高层次人才的专用性，从而导致个人或家庭进行较高水平的教育投资时需要承担的风险成本。由于风险成本的计算较为复杂，因而在对教育投资的间接成本进行计量时一般只考虑其机会成本。另外，在受教育期间，尤其是成年人在接受继续教育期间，可能会产生一种所谓心理成本的非货币性支出，也应当计入教育投资的间接成本，而且有时候这种心理成本甚至超过机会成本在经济上的表现。

（2）接受教育者教育投资的收益。个人或家庭的教育投资收益既包括经济收益，也包括社会、心理收益等。经济收益是指接受教育者因为接受教育而相对于未接受教育者或接受较少教育者所多挣得的经济收入。个人的教育投资收益不仅包括经济上的收益，还包括个人因为接受教育所带来的社会地位提高、进入上流社会的机会、成就感和良好的卫生保健等，这些构成个人教育投资的社会及心理收益。教育投资收益是由教育投资对个体和社会产生的增量收入，或者说是人力资本知识增量价值的经济体现。

接受教育者教育投资的个人收益主要是考虑经济方面的货币收入，它包括接受教育者未来较高的收入水平。一般情况下，一个人未来的收入水平与其所接受教育的年限正相关，接受教育的年限越长，其对将来收入的预期也就越高；接受教育者教育投资的另一个重要收益是指其通过接受教育获得了较高的职业流动性。受过良好教育的人由于较常人拥有更广博的知识以及相对全面的个人技能，其适应能力也更强，从而拥有更多更好的机会去更换职业、获得职业晋升，以获得更高的劳动收入。

2. 家庭接受民办高等教育存在的投资风险

教育既是一种消费行为，也是一种投资行为。作为一种投资行为，它与其他经济领域的投资行为一样，也存在投资风险。威廉姆斯（Williams，1978）认为，教育投资的风险在于教育投资中所蕴含的不确定性，这种不确定性来源于三个方面：技能培训上的投入与技能增长之间关系的模糊性、现有技能的风险贬值率或折旧率以及将来个人工资收入的随机性波动。科迪（1986）认为，表明教育投资具有风险性的原因至少有4种：①个人具有不完全的关于个人能力价值的信息和教育质量的知识信息；②由于一些不可预知事件的发生，将来的需求状况不可能完全确切地被预知；③人的寿命长短的不确定性影响了未来预期的收益；④在完成所希望的学业后，提供岗位的时间顺序和收入标准不能确定。斯诺（Snow）和沃伦（Warren）（1990）认为，投资的边际收益率依赖于投资水平和将来劳动供给两个因素，假定闲暇是有益的，教育投资的收益随将来收入的增加而减少，因为增加的收入将减少将来的劳动供给。对于风险规避偏好的个体而言，这种收入效应在决定教育投资的风险效应方面具有重要作用。斯蒂森·陈（Stacey Chen，2001）对高等教育的投资风险进行了研究。他认为，主要由个人能力、大学教育的质量、劳动力市场供求状况等因素的不可预知而造成的个人知识匮乏，从而不能适应市场需求而形成高等教育投资的风险。贝尔齐（Belzil）和汉森（Hansen）（2002）的实证分析结果表明，尽管教育收益风险弹性很小，但风险增大，受教育年限也相应增加。这种情况产生的原因是，虽然劳动力市场风险增加了，但是父母的利他性和对子女教育投资的支持使教育投资更具有吸引力。霍根·沃克（Hogan Walker，2002）构建了一个随机动态模型，预言风险增大，人们会延长受教育时间。对于受教育时间较长的个体，风险增大，获得高工资的可能性增加；对于受教育时间较短的个体，在收入风险较大的情况下，不会轻易离开学校，因此对工资变化的影响较小。

近年来，由于我国劳动力市场供求关系发生剧烈变化，大学生结构性失业问题日益凸显，家庭教育投资风险，尤其是接受教育者的家庭的教育投资风险问题已经引起学者们的广泛关注。韩洁（2013）认为，对我国接受教育者来讲，教育投资存在四种风险：教育过度与失业；劳动力市场的分割与就业机会；个人文化素质、文凭与职业选择机会以及家庭社会文化背景与就业选择能力。

（1）过度教育导致失业。受过较高水平教育的劳动力供给过度增加，导致越来越多的高学历劳动力从事低学历者就可以完成的工作，这一现象被西方学者称为“过度教育”（overeducation）。判断是否存在教育过度需要三个指标：①在技术同质性假设前提下，相对于历史上的较高工资水平而言，受教育者的经济地位反而下降了；②受教育者对事业的期望无法实现；③工作者的技能没有得到充分发挥。过度教育现象的发生意味着家庭教育投资的实际收益率下降，而导致教育投资收益下降的表层原因主要来自劳动力市场职业选择机会的变化。

（2）劳动力市场的分割导致就业机会不均等。劳动力市场分割理论认为，劳动力市场存在主要劳动力市场和次要劳动力市场。主要劳动力市场的特点是工作条件好、工作稳定、晋升机会多、工资高；次要劳动力市场的特点是工作环境差、晋升机会少、工资比较低。这一理论认为，在主要劳动力市场，人们的教育程度与报酬成正比例关系，但在次要劳动力市场，这一关系并不成立。由于社会、经济等方面的种种原因，弱势群体的初次就业往往主要集中于次要劳动力市场，当他以后再想进入主要劳动力市场时，会遇到用人单位主观意识方面的阻力。潜在用人单位并不清楚他原先进入次要劳动力市场的真正原因，而主观认为求职者是因能力偏下而没有得到主要劳动力市场的就业机会，所以求职者想转换工作，去主要劳动力市场求职的成功率很低。另外，高昂的工作转换成本致使弱势群体在转与不转之间处于两难境地，从而阻碍了其从次要劳动力市场向主要劳动力市场的流动，也必然加大他们收回预期投资收益的风险。

（3）个人文化素质、文凭与职业选择机会。根据筛选信号理论，雇主总是希望从众多的求职者中选拔有适当能力的人去填补空缺岗位，但当他与求职者在劳动力市场上相遇时，他并不了解这些人的能力如何，尽管他不能直接了解求职者的工作能力，但可以了解到求职者的一些看得见、摸得着的个人属性和特点。一类是天生的，不能改变的，如性别、种族、家庭背景等；另一类是后天获得的，可以改变的，如教育程度、婚姻状况、个人经历等。前一类被称作“标识”，后一类被称作“信号”。雇主可以凭借标识和信号特别是教育信号了解求职者的能力。教育之所以能起到这种信号作用，是因为一个人的能力与其获得信号所需花费的成本成反比，在其他因素相同的条件下，能力较高的人支付较低的成本就可以获得较高的教育水平，因而教育水平是反映个人能力大小的有效信号，是雇主鉴别求职者能力、对他们进行筛选并安置到不同岗位上的一种装置。由于教育水平反映了求职者的工作能力，雇主便对教育水平较高者支付较高的工资。由于在劳动力市场上雇主和雇员之间的信息不对称，雇主并不能确切地知道求职者所具有的能力，而往往更看重求职者手中的毕业证书及其发放单位，所以毕业证书成了用人单位了解学生的基本信号，也是学生向用人单位展现自己素质和能力的凭据。毕业证书在就业中的作用越来越大，甚至成了一个人能力的标志。

（4）家庭社会资本直接影响人的就业选择能力。社会资本只有经过长期积累才能形成，它通过家庭、关系网络、社会信仰、信任和互惠、惯例等形式发挥作用。有三个因素对个体所拥有的社会资本具有决定作用：①个体社会网络的异质性；②网络成员的社会地位；③个体与网络成员的关系强度。因此，一个人的社会网络的异质性越大，网络成员的地位越高，个体与成员的关系越弱，则其拥有的社会资源就越丰富。在我国，毕业生的社会资本在就业机会的获得方面起着举足轻重的作用。而社会资本拥有量极小的农村家庭学生在就业市场竞争中必定处于不利的局面。

6.4.3 家庭资本在高等教育投入决策中的影响分析

法国社会学家布迪厄（Bourdieu）区分了三种形式的家庭资本：经济资本、文化资本、社会资本。在一定条件下，文化资本可以转化为经济资本。布迪厄指出，在剔除经济地位和社会出身等因素的影响后，那些来自更有文化教养的家庭的学生不但具有更高的学术成功率，而且在几乎所有领域中，都表现出与其他出身学生不同的文化消费和文化表现。

经济资本是各种社会资源中最基本且最有效的资本形式。其他社会资源，如社会资本和文化资本，都是以经济资本为基础的，它包含了物质资本、自然资本、金融资本等。父母拥有较多的经济资本，意味着他们有较为雄厚的经济支付能力，能为子女接受充足、优质的教育提供物质上的保证，使他们在获得各级教育机会的竞争中均抢占先机。

文化资本是社会各阶级和个体所拥有的知识、技术、气质以及文化背景的总和，是一种区别于经济资本和社会资本，基于对文化资源的占有的资本。文化资本在家庭中形成靠的是代际传递，即前辈人对后辈人的言传身教。而要实施良好的家庭教育，则要求父母有更多可以自由支配的时间，即需要更多的闲暇时间，而闲暇时间的长短实际上取决于一个家庭的经济状况：家庭的经济状况好，他们不必为谋生花更多的时间，闲暇时间就相对地增加。因此，在布迪厄看来，受教育者在走进学校接受教育之前并不是一张“白纸”，他们都或多或少地拥有各自的文化资本（源于家庭的），而文化资本的多少预示着他们将来在教育成就上的不同。拥有较多文化资本的父母通常会更加重视子女接受教育的状况，可以通过言传身教和家庭文化氛围，使子女养成较好的学习习惯等，进而使子女能够接受更多更好的教育。有研究表明：对社会流动产生重要乃至决定作用的文化资本往往是由教育赋予的，通常表现为学历和文凭证书等形式。通过以上论述可以发现，社会学家所说的文化资本主要来自教育投资的产出，其实与前文所述的人力资本属于同一范畴。

关于家庭社会资本的定义较多。张智勇（2016）认为，社会资本是指与物质资本、人力资本相区别，以规范、信任和网络化为核心，从数量和质量上影响社会交往的组织机构，是社会机构、社会成员之间进行互动所依赖的社会网络，即处于一个共同体之内的个人或组织通过与内部、外部对象的长期交往，合作互利形成的一系列认同关系，以及在这些关系背后积淀下来的历史传统、价值观念、信仰和行为范式。布迪厄认为，社会资本是实际或潜在资源的集合，这些资源与由相互默认或承认的关系组成的持久网络有关，而且这些关系或多或少是制度化的。罗伯特·普特南（1993）认为，社会资本是能够通过协调行动来提高社会效率的信任、规范和网络系统。其中，信任、规范和网络系统成为构成社会资本的核心要素。林南（2010）则认为，社会资本作为一种关系财产，它必须与集体财产和物品，如文化、规范、信任等分开，彼此之间不可以相互定义。对于家庭社会资本来说，文化、规范、信任等只是家庭社会资本带来的结果，而非家庭社会资本自身。当前，我国正处于社会转型时期，各阶层在社会地位与经济收入方面均存在很大的差异。对于生活在社会经济生活较低层次的农村居民来说，家庭所拥有的社会资本相对较少，也就决定了他们在社会行动中利用社会资本的能力较低。因此，接受教育者的家庭拥有的社会资本的多少在其对接受教育者的教育投资的期限和专业方向等教育投资问题上会产生直接的影响。

我国对家庭资本的系统研究较少。其中，蒋国河（2006）的研究发现，家庭资本的诸多变量显著地影响着子女的学业成就。在家庭经济资本方面，不管是收入水平还是资产占有状况都与子女的学业成就有着较强的正相关关系。在家庭文化资本方面，重要的学习用品的拥有情况以及父母的教育水平对子女学业的影响具有显著意义。绝大部分形式的家庭社会资本都与子女的学业进步有关系。郭丛斌等（2006）通过对城镇住户的实证研究发现，家庭文化资本和经济资本占有量位居前列的优势社会阶层，其子女接受的教育层次主要为高等教育，而文化资本和经济资本占有量均处劣势的社会阶层的子女接受的主要是中等教育和初等教育。另外，家庭文化资本对子女高等教育机会获得的影响明显大于家庭经济资本，而家庭文化资本对子女中等教育机会获得的影响略大于家庭经济资本。

6.4.4 基于风险、家庭资本约束条件下民办高等教育投资效用决策模型构建

1. 模型假设

假设一：在决策开始前，一个接受教育者家庭的经济资本总量为 M_0，劳动力为 L，其中父母拥有的劳动时间为 L_1，子女的时间为 L_{12}（子女在中学毕业阶段结束后）。

假设二：父母亲拥有的人力资本积累量为 H_1，表示父母通过教育、培训等形式获得的人力资本积累总量，其就业工资率为 $W(H_1)$，它是 H_1 的函数，并与 H_1 呈正相关关系。接受教育者家庭的生产函数表示为 $\varphi(M,L)$，在保持规模报酬不变的前提下，$\varphi(M,L)$ 是一个严格的凹函数。

假设三：根据家庭生命周期理论，可以把家庭关于子女教育投资的决策过程划分为两个阶段，第一阶段是父母对子女进行高等教育投资的过程，第二阶段是子女接受了大学阶段的教育后，进入成年阶段并开始挣得收入，此时父母则进入退休状态，不再参加工作，不再有任何形式的工资收入。

在教育投资决策的第一阶段，接受教育者的家庭收入包括父母的收入。同时，子女可以参加生产，从而增加家庭收入，也可以用来接受教育、培训等形式的人力资本投资，子女的时间为 L_{12}，子女成年之前用于参加劳动的时间可以用 L_{12}^N 表示。

对子女进行的教育人力资本投资额记为 $I(H_2)$，子女可以从中获得的人力资本积累量为 H_2，同时 H_2 可以用来近似表示子女接受教育投资的时间；在决策的第一阶段，接受教育者家庭储蓄记为 S，其利率为 r。接受教育者家庭的经济资本总量记为 M_1，其中差额 M_1-M_0 表示接受教育者从银行或其他渠道获得的经济资本，其报酬率设为 i_t。

当子女接受教育投资结束时，就进入家庭教育投资决策的第二阶段。此时，子女身上积累的人力资本为 H_2，可以用来工作的时间为 L_{22}，接受教育者家庭的经济资本总量为 M_2，假定子女已完成教育投资，并且其工资率为 $W(H_2)$，它是子女人力资本积累量 H_2 的函数。其中，差额 M_2-M_0 表示接受教育者从银行或其他渠道获得的经济资本，其报酬率设为 i_t。

2. 投资风险、家庭资本和接受教育者教育投资决策模型

根据以上假设，接受教育者家庭在第一阶段和第二阶段用来消费的总收入可以分别表示为

$$E_1 = \varphi(M_1, L_1 + L_{12}) - i_t(M_1 - M_0) + W(H_1)L_1 - I(H_2) - S \tag{6-8}$$

$$E_2 = \varphi(M_2, L_{22}^N) - i_t(M_2 - M_0) + W(H_2)L_{22} + S(1+r) \tag{6-9}$$

在第一阶段和第二阶段接受教育者的家庭总效用函数分别用 $U(E_1)$ 和 $U(E_2)$ 表示，它们分别是 E_1 和 E_2 的严格凹函数。

由于教育投资风险的存在，接受教育者家庭在进行教育投资决策时无法确切预知接受教育者在完成教育投资以后的工资收入水平。为了方便起见，假定 $W(H_2) = \varepsilon\xi H_2$，其中 ξ 是一正数；ε 是一随即变量，服从正态分布，并且期望值为 1，接受教育者的收入随着其人力资本积累量的增加而提高。另外，教育投资的风险水平也随着文化程度的提高而增加。

那么，在信息集 Ω 中，接受教育者家庭的效用总函数可以表示为

$$U = U(E_1) + \lambda U(E_2) \tag{6-10}$$

λ 是第二期接受教育者家庭效用的贴现率。这时，接受教育者子女教育投资的决策问题就变成一个带约束条件的最优化问题。

（1）无教育投资风险。当不考虑教育投资的风险时，上述问题可以视为接受教育者家庭总收入效用函数的有约束条件的非线性最优化问题：

$$\mathrm{MAX}[U(E_1) + \lambda U(E_2)] \tag{6-11}$$

$$s.t.\begin{cases} \Delta = \varphi\left(M_1, L_1 + L_{12}\right) - i_t\left(M_1 - M_0\right) + W(H_1)L_1 \\ E_1 + I\left(H_2\right) = \Delta + W_0 \\ L_{12}^N + H_2 = L_{12} \\ L_1 + L_{12} = L \end{cases}$$

上述最优化问题的一阶条件为

$$M_1{:}(E_1)\left(\varphi_M' - i_t\right) = 0 \tag{6-12}$$

$$H_2{:}(E_1)\left(F_M' + I_{H_2}'\right) + \lambda U'\left(E_2\right)W'\left(H_2\right) = 0 \tag{6-13}$$

$$S{:}\left(E_1\right) + \lambda U'\left(E_2\right)\left(1+r\right) = 0 \tag{6-14}$$

$$L_1^N{:}U'(E_1)[W(H_1) - \varphi_L'] = 0 \tag{6-15}$$

综合以上各式，可以得到

$$\varphi_M' - i_t = 0 \tag{6-16}$$

$$W(H_1) - \varphi_L' = 0 \tag{6-17}$$

$$L_{22}W'(H_2) = (I_{H_2}' + \varphi_L')(1+r) \tag{6-18}$$

令 F（M，L，H_2）为式（6-16）至式（6-18）左边的变量的函数，那么 F（M，L，H_2）Hesse 的矩阵为

$$|\boldsymbol{H}|=\begin{bmatrix} \varphi''_{MM} & -\varphi''_{ML} & -\varphi_{ML} \\ -\varphi''_{ML} & \varphi''_{LL} & \varphi''_{LL} \\ -(1+r)\varphi''_{ML} & (1+r)\varphi''_{LL} & L_{22}W''(H_2)-I''_{H_2H_2}(1+r)+\varphi''_{LL}(1+r) \end{bmatrix}$$

从而可得

$$\frac{\partial F\left(M,\ L,\ H_2\right)}{\partial M_0}=0 \tag{6-19}$$

$$\frac{\partial F\left(M,\ L,\ H_2\right)}{\partial H_1}=\begin{bmatrix} 0 \\ W'(H_1) \\ 0 \end{bmatrix} \tag{6-20}$$

根据 Cramer 法则，得到

$$\frac{\partial H_2}{\partial M_0}=0 \tag{6-21}$$

$$\frac{\partial H_2}{\partial H_1}=-\frac{(1+r)W'(H_1)}{|\boldsymbol{H}|}[\varphi''_{MM}\varphi''_{LL}-(\varphi''_{ML})^2]$$

根据假设，$\varphi(M,L)$ 为规模报酬不变条件下的严格凹函数，得到 $\varphi''_{MM}\varphi''_{LL}-(\varphi''_{ML})^2>0$；根据二阶条件 $(-1)^i|H_i|>0$，$i=1,2,\quad,4$，得到

$$\frac{\partial H_2}{\partial H_1}>0 \tag{6-22}$$

式（6–21）的经济含义是在不存在投资风险的前提下，接受教育者家庭的经济资本对接受教育者的教育投资的边际影响为零。也就是说，如果教育投资可以达到预期，并且可以获得高于没有进行教育投资或进行较少教育投资的人的稳定的收益，那么接受教育者家庭的经济资本对接受教育者进行教育投资不存在任何影响，无论接受教育者家庭的经济资本状况如何，都会积极对接受教育者进行教育投资，即使家庭经济资本状况不好，也会想尽办法对接受教育者进行教育投资，因为对接受教育者进行教育投资可以给家庭带来较高的经济回报。式（6–22）则表明，如果不存在教育投资风险，那么接受教育者家庭的教育资本水平对教育投资决策的影响是正面的，即父母的人力资本水平越高，就越愿意对子女进行教育投资，其子女的人力资本水平也就越高。

（2）存在教育投资风险。投资风险会使教育投资收益产生不确定性。此时，接受教育者家庭的贴现效应函数变为 $U=U(E_1)+\lambda H_2U(E_2)$。那么，接受教育者家庭贴现效应函数的最大化问题就变为

$$\mathrm{MAX}[U(E_1)+\lambda H_2 U(E_2)] \tag{6-23}$$

$$s.t.\begin{cases} \varDelta=\varphi\left(M_1,L_1+L_{12}^N\right)-i_t\left(M_1-M_0\right)+W(H_1)L_1 \\ E_1+I\left(H_2\right)=\varDelta+W_0 \\ L_{12}^N+H_2=L_{12} \\ L_1+L_{12}=L \end{cases}$$

上述最优化问题的一阶条件为

$$M_1:U'(E_1)(\varphi_M''-i_t)=0$$

$$H_2:-U'(E_1)(\varphi_L'+I_{H_2})+\delta H_2 U'L_{22}^N W'(H_2)=0$$

$$S:-U'(E_1)+\delta H_2 U'(E_2)(1+r)=0$$

$$L_1^N:U'(E_1)\left[W(H_1)-\varphi_L'\right]=0$$

其 Hesee 矩阵为

$$|\boldsymbol{H}|=\begin{pmatrix} U'\left(E_1\right)\varphi_{MM}'' & -U'\left(E_1\right)\varphi_{ML}'' & 0 & -U'\left(E_1\right)\varphi_{MM}'' \\ -U'\left(E_1\right)\varphi_{ML}'' & \Delta_1 & \Delta_2 & -U'\left(E_1\right)\varphi_{LL}'' \\ 0 & \Delta_2 & \Delta_3 & 0 \\ -U'\left(E_1\right)\varphi_{ML}'' & -U'\left(E_1\right)\varphi_{LL}'' & 0 & U'\left(E_1\right)\varphi_{LL}'' \end{pmatrix}$$

其中，$\varDelta_1=U''(E_1)(\varphi_L'+I_{H_2}')^2-U'(E_1)(I_{H_2H_2}''-\varphi_{LL}'')+\lambda H_2 U''(E_2)\left[L_{22}^N W'(H_2)\right]^2$

$+\lambda H_2 U'(E_2)L_{22}^N W''(H_2)$

$\varDelta_2=U''(E_1)(\varphi_L'+I_{H_2}')+\lambda H_2 U''(E_2)(1+r)L_{22}^N W'(H_2)$

$\varDelta_3=U''(E_1)+\lambda H_2 U''(E_2)(1+r)^2$

通过类似前文的数学推导，得到

$$\frac{\partial H_2}{\partial M_0}=\frac{-i_t}{|H|}[U'(E_1)]^2[\varphi_{MM}''\varphi_{LL}''-(\varphi_{TL}'')^2](2+r)\lambda U''(E_1)H_2 U''(E_2)_2[L_{22}^N W'(H_2)-(\varphi_L'+I_{H_2}')(1+r)] \tag{6-24}$$

$$\frac{\partial H_2}{\partial H_1}=\frac{-1}{|H|}[U'(E_1)]^2[\varphi_{MM}''\varphi_{LL}''-(\varphi_{LL}'')^2]\left\{\lambda U''(E_1)(1+r)W'(H_1)L_1^N H_2 U''(E_2)\right.$$

$$\left.[L_{22}^N W'(H_2)-(\varphi_L'+I_{H_2}')(1+r)]+U'(E_1)W'(H_1)U''(E_1)+\lambda H_2 U''(E_2)(1+r)^2\right\} \tag{6-25}$$

随着家庭经济资本的不断增加，接受教育者对风险的规避态度将逐渐减弱。经过推理（过程从略）可得

$$(2+r)\lambda U''(E_1)H_2 U''(E_2)_2[L_{22}^N W'(H_2)-(\varphi_L'+I_{H_2}')(1+r)]<0 \tag{6-26}$$

类似地，可以得到

$$\frac{\partial H_2}{\partial M_0} > 0 \tag{6–27}$$

$$\frac{\partial H_2}{\partial H_1} > 0 \tag{6–28}$$

式（6–27）的经济含义是，在存在教育投资风险的情况下，接受教育者家庭的经济资本对接受教育者的教育投资的边际影响为正。也就是说，如果存在教育投资风险，那么接受教育者家庭的经济资本越充裕，就越愿意对接受教育者进行教育投资。式（6–28）则表明，在存在教育投资风险的情况下，接受教育者家庭的人力资本（教育）水平对接受教育者教育投资的边际影响仍然为正。在存在教育投资风险的情况下，父母的人力资本水平越高，就越愿意对子女进行教育投资，其子女的人力资本水平就会越高。

通过以上分析可以得出结论：接受教育者家庭的经济资本对教育投资决策的影响与教育投资的风险有直接关系，在不存在教育投资风险的情况下，家庭经济资本状况不会对其教育投资决策产生影响；存在教育投资风险时，家庭经济资本对教育投资决策的边际影响为正，即接受教育者家庭的经济资本越充裕，其家庭抵抗教育投资风险的能力越强；接受教育者家庭的人力资本水平对教育投资决策的影响与是否存在教育投资风险无关，其对教育投资决策的边际影响总是为正值，即无论是否存在教育投资风险，接受教育者家庭的人力资本水平都与教育投资决策正相关，父母的人力资本水平越高，越愿意对子女进行更多的教育投资。

事实上，接受教育者家庭的社会资本对教育投资决策也具有重要影响。一方面，一个拥有丰富社会资本的接受教育者家庭，其优越的社会资本对物质资本具有重要的补充作用，从而在存在教育投资风险的情况下，对教育投资决策产生积极的影响；另一方面，在重视人际关系的传统中国社会，一个家庭的社会资本可以起到降低教育投资风险的作用。例如，一个家庭成员（子女）接受教育以后，可以通过其家庭的亲戚、朋友等社会网络资源的帮助寻找稳定的工作，从而降低其教育投资的风险。所以，家庭社会资本可以间接地对教育投资决策产生积极影响。但是，由于存在量化的困难，本模型没有充分反映家庭社会资本对教育投资决策的影响，这是本决策模型需要克服的不足之处。这一点可以通过问卷调查获得第一手数据，然后进行实证研究，弥补本模型结论的缺陷。

6.5　本章小结

本章主要从不同的主体角度，探讨民办高等教育投资的决策因素分析。以民办高等教育投资取得合理回报为前提，分析了取得合理投资回报需要遵行的原则，如办学规模与办学质量之间要均衡，民办高等教育短期回报要兼顾长远发展，要讲究获取合理回报与深灰效益并重等。从政府角度来讲，由于民办高等教育是准公共产品，有一定的正外部性，因此财政应给予支持，财政支持决策的方式可以从直接和间接两个角度来考虑，前者是从基本支持补助、专项补助以及科研支持、学生资助等几个方面进行，后者是从土地优惠、政策倾向以及税收优惠等角度来实施。从民办高等教育投资方考虑，投资方与办学方在获利与稳定发展方面进行了三阶段博弈分析，认为在民间资本教育投资博弈中，学校产权的结构将直接影响其社会效益。①在产权配置的博弈分析中，无论由民间资本（投资方）还是办学方安排产权，即便自己对产出的贡献很小，也会安排自己的产权比例高于对方。当然，如果对方对产出的贡献越大，那么安排对方的产权就越大，但不会超过一半。②在谈判能力相同的情况下，如果双方对产出的贡献一样，那么谈判得到的产权配置会导致产出（社会效益）最大。③在双方对产出的贡献不同时，如果由贡献小的一方安排产权，则会导致产出的低效率，不如由谈判配置产权的产出高。从家庭投资角度出发，利用效用决策模型分析，并将社会学的家庭资本理论引入接受教育者教育投资决策模型。接受教育者家庭社会资本通过影响家庭物质资本和降低教育投资的风险对民办高等教育投资决策产生积极影响。社会资本较高意味着降低就业、回报风险，在某种程度上能激励家庭对民办高等教育投资。

第 7 章 优化民办高等教育投资与加强投资风险防范的对策建议

民办高等教育投资中存在产权关系不明晰、投资合理回报的不确定性、外部政策和同业竞争环境造成民办高等教育投资的政策性风险，还存在资金运作风险。因此，需要采取有效措施规避民办高等教育的投资风险，进一步优化民办高等教育投资策略，从而实现民办高等教育的可持续发展。

7.1 优化我国民办高等教育投资的对策

7.1.1 优化投资的原则

（1）成本最优原则。进行民办高等教育投资的目的是在满足日常经营和长期发展需要的同时，使运营效益最大化，而民办高等教育运营效益的最大化必须通过民办高等教育办学成本的最小化予以实现。因此，民办高等教育必须遵循资源约束下的成本最小化原则。

（2）尊重教育产业规律原则。民办高等教育提供的产品虽然具有排他性和竞争性的特点，但是它毕竟具有消费的正外部性，是准公共产品。民办高等教育可提供的收益是有限的。因此，出资办学方应充分考虑不同主体（如家庭、政府以及其他中介组织等）对民办高等教育的需求动因，尤其对家庭投入要加以详细的分析，同时要考虑市场的需求。在此基础上获取符合教育产业规律的合理性回报，才会促进民办高等教育健康发展。

（3）风险可控最大化原则。民办高等教育出资方在筹措资金时，无论哪种方式均存在一定程度的融资风险。股票融资受资本市场波动的影响，尤其在我国，由于资本市场的不成熟和制度性缺陷，我国股票市场的波动性要比发达国家大得多，风险相应较高。债券融资虽然具有税后屏蔽效应，但是以还本付息为前提的。随着债权融资额的增加，民办高等教育的财务压力会相应加大，破产风险也会增加。因此，民办高校在进行融资时，必须遵循风险可控最大化原则，还有内部管理、教学质量等都需经过风险预测、可控性分析等程序。

（4）符合国家政策原则。符合国家政策原则包括两层含义：民办高等教育是新生事物，在发展的早期应得到国家相应政策的支持，或者说国家应给予民办高等教育一定的支持；实践中，在国家政策允许的范围内，要因地因时积极探索适合民办高等教育自身发展的融资方式。

7.1.2　优化投资的对策

（1）从政府层面来说，在注重民办高等教育规范发展的同时，必须加强和完善民办高等教育投资机制、法律法规等。随着民办高等教育的发展，经费困难在一定程度上限制了民办高等教育事业的进一步发展。经费困难的主要原因是资金来源渠道单一，完善民办高等教育投资相关机制及法律法规是保障民办高等教育健康、可持续发展的基础。所以，在民办高等教育发展过程中，一方面要注重民办高等教育规范发展，另一方面必须建立和完善民办高等教育投资机制。

（2）加强立法，建立和完善民办高等教育投资产权机制。产权是民办高等教育投资发展的基础，而建立和完善民办高等教育投资产权机制，先要健全法律法规，解决立法上的空白和不足。要明确民办高校外部各办学主体之间的产权关系、产权结构及产权安排，明确民办高校的财产归属权到底归谁所有，各办学主体究竟拥有哪些权利和资源，加快完善民办高等教育投资产权机制建设，这是民办高校生存和发展的制度合法性前提。

（3）赋予民办高等教育“国民待遇”，加大财政资助力度，完善民办高等教育投资财政资助机制。民办高等教育是我国高等教育的重要组成部分，必须赋予其“国民待遇”，把其纳入财政资助范围，使其和公办高等教育处于同一竞争平台，促进高等教育事业发展。

（4）从投资方视角来看，要积极探索民办高等教育资金筹措方式和途径，加快民办高等教育投资多渠道筹措机制建设。通过建立和完善政策、制度，积极尝试民办高等教育资金筹措的新方式、新途径，促进民办高等教育投资发展。①积极通过资本市场融资。随着金融全球化的推进，我国积极推进资本市场改革及发展，并取得了一定的成效。“九五”期间，先后出台了《中华人民共和国证券法》

《证券投资基金管理暂行办法》等法律法规，同时加大了监管和执法力度，促进了资本市场的健康发展，为民办高等教育融资提供了法律保障和市场平台。利用资本市场一方面可以解决民办高等教育资金不足的问题。资本市场具有较强的资源配置和结构调整能力，民办高等教育利用资本市场融资，使社会上闲散的资金投向具有高成长性的教育产业，提高了高等教育产出的水平与质量，扩大了高等教育的办学规模。另一方面，也可以促进民办高等教育健康发展，推动高等教育的结构调整和资源优化配置，既有较好的经济效益，也有很好的社会效益。②吸纳捐赠。通过税收优惠等政策制度，吸引社会资金捐赠民办高等教育。同时，要大力弘扬捐资办学，形成良好的社会文化氛围。

（5）加快民办高等教育现代大学制度的建设，完善民办高等教育投资法人治理机制。民办高等教育投资最终所有权属于民办高等教育机构，所以加快民办高等教育现代大学制度的建设，对促进民办高等教育投资发展有重要作用和意义。要加快民办高等教育法人治理，推动现代大学制度建设，保证民办高等教育投资健康发展。

（6）区分营利性和非营利性民办高等教育，有效解决民办高等教育投资合理回报问题。投资合理回报问题没有有效解决是实践中影响民办高等教育投资积极性和机制建设的重要因素之一，其中一个重要原因是我国民办高等教育没有区分营利性和非营利性。所以，一方面要积极探索，对民办高等教育实行分类管理，对营利性和非营利性机构实行不同的政策；另一方面，要制订一个实践上能够操作的民办高等教育投资合理回报制度体系，以促进民办高等教育投资机制的形成，加快民办高等教育投资发展。

7.2　加强我国民办高等教育投资风险管理的对策

良好的政策制度环境是防范办学风险、促进民办高等教育健康发展的重要条件。但是，民办高等教育可持续发展的目标能否实现、办学风险能否有效地规避与防范，关键在于民办高等教育内部条件系统要素的协调性。这些内部条件系统包括民办高等教育自身价值的选择、办学资源的优化、内部管理体制的配置等。这些要素系统之间的协调程度、平衡状态是民办高等教育防范与规避办学风险之根本。

7.2.1　树立风险意识，全面认识办学风险

思想是行动的先导。要防范办学风险，就应先树立风险意识，加强对办学风

险的全面认识。众所周知，当今社会风险事件的频繁发生使风险已经成为一种社会常态，人们生活工作在一个高度不确定性的环境中，同时正在进入一个风险社会。在风险社会中，无论国家、社会团体还是个人，在高等教育领域的投资同样潜藏着风险和危机。民办高等教育是一个自主办学、自负盈亏、自我约束、自我发展的高等教育机构。在市场经济条件下，民办高等教育在从事教学、科研、生产经营活动时，内外部环境的变化均可能导致实际结果与预期效果相偏离的现象。也就是说，在风险社会里，投资办学会存在风险。如果在风险到来时，办学者毫无准备，一筹莫展，必然会招致失败。因此，民办高等教育办学者和管理者的脑子里必须具有强烈的风险意识。

（1）要敢于承认风险。在计划经济和高等教育短缺时代，高等教育投资也许是最保险的事业，毫无倒闭之虞。这种意识使高校管理者和教职工的风险意识淡漠，对学校各类风险缺乏应有的心理准备，以致风险事件爆发时，管理者仓促应对、被动反应。同时，囿于传统观念的狭隘，人们往往认为风险是不好的东西，是工作失误的表现，因此对风险总是习惯性地予以回避和否认。然而，这种态度只会导致更大的风险。在风险社会，只有勇于承认风险的存在，直面风险，勇敢搏击，才能赢得胜利。

（2）民办高等教育办学者应全面认识办学风险。①民办高等教育举办者要全面系统地认识民办高等教育办学风险形成的原因，这种原因既可能来自社会宏观政策环境变迁，又可能来自学校教学管理中一些微小的疏忽，还可能来自同行之间日趋激烈的竞争。要清醒地意识到，在风险社会时代，投资高等教育和投资企业一样存在着许多风险，并且藏匿于工作中的各个环节，任何环节稍有不慎，都可能会给学校的发展带来严重影响，甚至导致学校倒闭。②要清醒地意识到，目前从事民办教育实践，至少必须面对以下三个方面的风险：一是政策风险，如国家相关教育政策的调整和对民办学校的收费管理制度的调整；二是来自教育市场的风险，如公立学校规模扩大、适龄入学学生逐渐减少、在一定区域内民办学校数量过多等导致教育市场供求关系发生变化；三是来自学校自身经营的风险，主要包括教师队伍的难以稳定导致学生和家长的不满，投资人急于收回投资等短期行为引发资金危机，校园伤害等突发性重大事件。③要深刻认识到民办高等教育办学风险的后果，风险所具有的不确定性可能导致民办高等教育办学遭受重大损失，甚至威胁到民办高校的生存和发展。

（3）民办高等教育办学者和管理者要对各方面信息保持高度的敏感性和警惕性，一旦风险事件发生，能在第一时间作出快速反应。这在防范风险中具有决定性的意义。同时，民办高等教育办学者和管理者还应把风险意识贯穿整个日常工作管理中，不断修正、完善自己的行为，从源头上避免风险的产生。特别是在民办高等教育快速发展的时期内，民办高等教育的办学者和管理者更要保持清醒头脑，客观、理性地识别风险、应对风险，防患于未然。

（4）民办高等教育办学者要正确认识“我国的高等教育是一个卖方市场”这一命题，客观估计我国民办高等教育的发展空间。“我国的高等教育是一个卖方市场”，这既是一个真命题，也是一个假命题。就高等教育的供给而言，所谓真命题是指目前我国的高等教育刚进入大众化的底线，离普及化程度尚有很大距离。与发达国家相比，我国的高等教育还很落后，要实现从人口大国到人力资源强国的目标，实现我国高等教育更大的发展，单靠政府是远远不够的，必须充分发挥民间的力量和作用，因此民办高等教育大有可为。所谓假命题是指高等教育总体上供不应求，并不排除在高等教育市场的某些层次或部分存在过度积聚或者重复积压的现象。从优质高等教育资源的供应来看，是严重短缺，供应不足；从非优质资源的供应来看，又存在一定的过剩，甚至可以说非优质高等教育资源的供给在一定程度上已处于买方市场。这表明我国的高等教育供给市场是短缺与积压现象并存，并且短缺不是绝对的，是相对的。民办高等教育市场尤其如此。

就高等教育消费的需求而言，所谓真命题是指从潜在的需求来看，教育消费者对接受高等教育充满热情，人人都望子成龙、望女成凤，民办高等教育大有可为。所谓假命题是指从现实的教育需求来看，一方面，由于社会求学观念的偏差，绝大多数民办高等教育仍然不是求学者优先的选择或者最初的选择，甚至不是最终的选择（如生源流失严重是大多数民办高等教育存在的普遍现象）；另一方面，尽管我国的银行储蓄总额可观，但我们并不能据此就推断百姓有很高的消费能力，因为储蓄总额的 80% 掌握在 20% 的人手里，80% 的普通百姓只占有 20% 的储蓄份额。这双重因素结合起来就意味着广大的普通百姓对高等教育尤其是民办高等教育的有效需求是不足的，民办高等教育的发展不能冒进。

正确判断“我国的高等教育是一个卖方市场”这个命题具有十分重要的意义。对于办学者来说，正确认识我国民办高等教育的发展空间，树立必要的办学风险意识，可以避免其盲目进行投资，并在一定程度上制约某些投资者投机行为的滋长；对于政府来说，面对优质教育资源供应的不足和民办高等教育先天不足、后天失调的艰难处境，应给予民办高等教育足够的生存与发展空间，以真正形成公办教育与民办教育共同发展的新格局，促使优质高等教育资源（包括优质民办高等教育资源）的成长、壮大，进而满足广大人民群众的高等教育需求。

7.2.2 建立风险预警系统，提高对风险的应对能力

1. 建立风险预警模型

我国民办高等教育风险预警模型是指民办高等学校根据一些关键性的发展指标现状，或与学校历史数据、其他民办高等学校的数据相比较，预先设定预警临界点，一旦达到临界点，即表明进入风险状态，要采取措施加以处理。这里借鉴风险压力评估理论来建构我国民办高等学校风险的预警模型。

2. 加强风险监测与评估

（1）风险监测。有效的风险监控机制能有效阻止或延缓风险由可能向现实的转化，减少风险事件发生的概率。即便事件发生，也可以减少其所带来的负面影响和损失。因此，民办高等教育应建立完善风险的全过程监测机制。风险监测的职能主要在于通过收集各种信息，对民办高等教育潜在的风险进行分析和重点监测；对风险诱因、风险征兆进行严密观察；收集、整理、反映学校风险迹象的各种信息或信号；通过各种渠道，对主要的风险诱因、风险征兆进行全程监测。具体来说，应做好以下四方面工作。

①进行风险的初步分析。民办高等学校存在着各种各样的潜在风险。为了有效地开展风险预警，民办高等学校要列出可能面临的各种潜在风险，并根据学校内部和外部环境的变化对各种潜在的风险进行初步分析。一旦确定了危险性较大的风险，民办高等学校管理者就应进行重点监测。

②建立风险预警指标。在确定了风险预警的监测对象之后，要科学地选择能有效反映民办高校真实发展状况的数据和资料，这些数据和资料来源要准确，以便进行操作和比较；预警指标要有较高的概括性，以避免指标内容的重复。另外，预警指标还要具有很强的可比性，既便于民办高等教育之间开展纵向比较，也便于其开展横向比较。因此，建立一个相互关联、相互补充的预警指标体系对民办高等教育进行风险管理极为重要。

③确定风险警戒线。在选定了具体的指标之后，需要根据学校自身的历史数据和资料以及整个民办高等教育行业的平均水平确定各项指标的警戒线。对一些难以量化的指标，也应确定一些便于识别和判断的定性警戒线。是否超过这一警戒线，是判断是否开展风险预警的信号。

④收集并整理相关信息。广泛收集相关信息是民办高等教育进行风险预警的前提，通过收集各种相关的信息便于民办高等教育管理者及时了解竞争环境、政策法规、生源市场、就业市场及学校内部出现的问题等信息。通过外部信息的收

集整理，再加上建立的预警指标体系，综合分析、对比相关信息，可以更准确地判断出民办高等教育现在所处的境地。

（2）风险评估。风险评估是指民办高等教育风险防范管理委员会在对大量监测的风险信息进行有效整理的基础上，通过对相关信息的分析，对未来可能发生的风险类型及危害程度作出评估，并根据评估的结果，对可能造成危害的风险发出预警。

在风险评估过程中，民办高等教育风险防范管理委员会要对收集到的相关信息进行系统的整理，对信息的真实性进行甄别，排除那些虚假信息。在对风险相关信息的真实性进行确认的基础上，需要对不同的信息分门别类地进行存储，做到信息的系统化、条理化，以便风险评估工作顺利开展。民办高等教育办学者和管理者要对表 7–1 中所列的一些风险预警信号格外关注。本研究中，采用因子分析（主成分分析）确定权重和贝叶斯网络结构风险评估的方法，对民办高等教育进行投资风险预测。

表 7–1　我国民办高等教育风险预警信号

指标代码	潜在的风险类型	预警指标
FR	财务风险	融资渠道、经费管理、融资机制、负债结构
JR	就业风险	就业率、宏观经济形势、就业竞争环境、社会观念
SR	生源风险	公办高校扩招、相关政策出台、高等教育国际化
ER	教育质量风险	办学定位、生源质量、办学经费、教学管理、师资结构
MR	管理决策风险	办学者及管理者的个人素质、法人治理、管理制度

（3）做好风险防范管理准备。组建风险防范管理委员会是防范、处理风险情境和风险事件最简单有效的方法。风险防范管理委员会不能等到风险来临才成立。在风险或风险事件出现之前，风险防范管理委员会的成员要各司其职，做好一切准备。

风险防范管理委员会成员应当由通晓法律诉讼管理、教育管理、经济管理及财税知识、员工福利等领域的专业人士和有关资深专家组成，要具有敏锐的判断能力，能准确把握、辨别政策变化及学校外部环境变化所产生的有利因素、不利因素，能及时为学校识别潜在风险。同时，该委员会成员应具有良好的人际关系和沟通能力，能及时捕捉来自学校的风险。此外，在重大问题的决策上，还能提供风险咨询和风险防范对策。风险防范管理委员会成员应具有较高素质，能公正、客观、科学地将所获得的风险信息反馈给高层，并提出科学的防范控制决策。

风险防范管理委员会成员应拥有在任何风险情境下行动的知识和技能。其成员在学校风险管理中承担大量具体的工作，是实施风险防范管理计划最为重要的人员。风险防范管理委员会的职责主要包括监控风险征兆、制订风险处理计划、调配风险处理资源、制订风险恢复计划、开展风险管理评价。风险管理委员会应当定期会面，不仅讨论风险管理计划，还讨论学校可能发生风险事件的领域，预测随时可能发生的和潜在的风险。当风险出现时，紧急开会，制订策略和标准化的应急程序。

“凡事预则立，不预则废”，在风险防范管理过程中，只有事先做好计划，才能够应对自如，防患于未然。风险防范管理计划是民办高等教育管理者预防风险、应对风险及处理风险的纲领性文件，是民办高等教育风险防范管理的指导方针。学校风险防范管理计划具体包括各种类型风险的识别、预防、预替、应急、救援处理、善后恢复等各个阶段的应急方案和措施，建立一套包括硬件设施、人员培训、信息发布、申诉渠道、权利救助等在内的风险预防管理体系，建立信息共享平台。一套完整的风险防范计划不仅可以预防风险的发生，减少风险带来的损失，还能够提高风险决策的质量，使风险应对工作有序进行。

（4）提高风险识别能力。识别风险作为我国民办高等教育风险应对的首要任务，其工作的关键是通过风险预警系统辨别出可能引起民办高等教育风险的各种征兆。准确地识别风险不仅可以增强风险应对的针对性，还有利于提高风险应对的效率，减少风险带来的危害，使整个风险局势转危为安。

要准确地识别可能导致民办高等教育办学风险的征兆，先要搜寻各方面的信息，这些信息除了来自民办高等教育内部外，还包括国家的政策法规、经济形势、教育背景以及来自竞争对手的各种信息等。通过对各种信息进行系统的整理和分析，收集其中的风险信息，发现存在的主要问题和问题原因，分析它们对民办高等教育可能造成的潜在影响，进而对可能引发民办高等教育风险的信息加以防范和疏导，争取把风险消灭在萌芽状态。

风险处理的时机恰当与否不仅关系到风险造成的危害，还影响着风险管理的效率。过晚确认风险往往会使学校失去控制和解决风险的最佳时机，给学校造成更大的危害。过晚确认风险的主要原因是学校的管理者对风险事件的潜在危害认识不够，把风险事件看作对学校影响有限的小事，并希望且相信风险事件会自动消失。

过早确认风险并不代表学校可以拥有充足的时间控制和解决风险。事实恰恰相反，过早确认风险会导致学校处境提前恶化，将风险的爆发期提前。因为在风险状态下，学校的教学活动安排不同于正常状态，也不同于预警和准备阶段，过早地确认会人为制造紧张气氛，影响教职工的士气，转移学校活动的重心。

（5）建立学校办学风险防范关键点，实施风险防范战略工程。民办高等教育的使命是人才培养、科学研究和社会服务。民办高等教育应围绕这一使命，完善是教育教学工作，加强日常管理，提升管理水平。如果管理薄弱，那么教学、财务、基建、采购、招生、收费、校产、后勤等容易出问题的部门就会引发出一些违法违纪、不正之风、资金安全以及影响稳定的问题。因此，民办高等教育应抓住以下几个关键控制点：狠抓教学质量，以质取胜，以高的教育质量赢得口碑和社会的认可；狠抓科研，通过提高学校科研成果的数量和质量来扩大影响，提高学校的知名度和社会影响力；重视人力资源的开发和利用，通过科学的人才选拔机制，启用各类能人，让他们发挥特长和优势，为学校的发展贡献力量；高度重视招生工作，扩大生源，广开财路；加强筹融资工作，加强财务管理控制职能，强化财务的事前预测、决策和监督功能，协助学校有效防范资金风险；加强资源管理，充分用好各项资源，保障资源的安全、完整和效益；加强其他业务环节的风险防范。

7.3 本章小结

本章主要在前述研究的基础上，提出了优化民办高等教育投资的对策，并对如何加强风险防范进行了分析，提出了相关步骤。首先，提出了优化民办高等教育投资必须遵循成本最优原则、教育产业规律原则、风险可控最大化原则以及符合国家政策原则，并从政府层面和投资方视角提出了优化投资的对策；其次，提出了构建风险预警系统来提高风险防范的建议，预警系统的建立从风险监测指标的设定、风险评估、风险管理准备、风险管理措施几个层面展开论述。

第 8 章　民办高等教育分类管理模式的新思考——基于公益指数视角的探讨

自《中华人民共和国民办教育促进法》及实施条例颁布以来，我国民办高等教育在办学规模上已经取得显著成绩，并且已成为我国高等教育体系的重要组成部分。但是，与公办高等教育、市场需求的优质高等教育相比，民办高等教育的办学质量仍然不够高。如何提升民办高校的办学质量，进一步促进民办高等教育高水平发展，是当下我国民办高等教育发展的主旋律，但这显然需要更深层次的制度改革和创新，才能促进民办高等教育的高水平发展。在这种背景下，分类管理不仅是我国民办高等教育实践改革的突破口，还成了当前民办高等教育研究领域的重点。但现有的法律法规及政策措施是基于捐资办学假定以及教育为公益事业的理念而制定的，这与我国民办高等教育以投资办学为主要特征的现实基础相背离。随着民办高等教育的进一步发展，国家层面宏观管理与民办高校微观运行之间的冲突进一步激化，因而构建一种符合民办高校办学现实基础的分类模式与实施策略具有明显的理论与现实意义。

8.1　民办高等教育分类管理模式的相关研究

关于民办高等教育分类管理的相关研究，目前学者主要从民办高等教育分类管理的必要性、分类的种数以及分类的标准等方面进行。对于民办高校分类管理的必要性，毋庸多论。分类管理有利于民办高等教育的健康多元发展，对化解制度冲突和突破运行的现实困境起着关键作用。目前，对于分类管理研究的争议，主要集中在以下三个方面。

8.1.1 民办高等教育分类种数的争议

学界对民办高等教育分类种数的研究，从不同的视角出发，目前主要存在三种模式。一是二分法，即将民办高等教育分为营利性和非营利性两种。研究者从制度规范来解释，认为民办高等教育机构的投入应区分为捐资和投资两类。前者是基于奉献社会而办学，不期望任何有偿回报；后者是基于谋利的目的而办学，其目标是获取经济收益。若举办者捐资办学则为非营利性民办高等教育；若举办者投资办学则为营利性民办高等教育。二是三分法。有研究人员认为，营利性和非营利性的分法属非此即彼的界定，并不能客观反映我国民办高等教育复杂的办学现实。邬大光、胡卫、方建锋（2012）等认为，民办高等教育应区别为非营利性、准营利性、营利性三种类型。捐资办学的无疑是非营利性办学，但在投资办学中，应依据教育服务类型以及学校盈余分配方式，进一步分为准营利性和营利性。黄新茂提出的捐资型、投资型、出资保值型三分法也与此相似。三是四分法。潘懋元（2007）、周守亮（2014）、赵彦志（2010）、徐绪卿（2013）、王建（2012）等学者认为，二分法、三分法均未全面、客观反映我国民办高校的特征，他们主张现行民办高校至少应划分为四类：第一类是捐资办学，即出资人对所有权及回报均不做要求；第二类是出资人对投资的额外收益不做要求，但主张保留学校初始投入资产的所有权；第三类是民办高校出资人要求合理回报，保留初始资产所有权，但不以营利为目的；第四类是纯营利性民办高校。

8.1.2 民办学校分类标准的争议

以什么标准来界定、划分民办高校是分类管理的核心所在，也是分类管理的难点。目前，主要有两种分类标准。一是单一化标准。该标准以“是否追求回报”（是否以营利为动机）为唯一分类标准。只要是不追求回报的民办高校，不用考虑办学主体性质，一律归类为非营利性民办学校，否则，视作营利性民办高校。但以是否追求回报作为分类划分的标准受到部分学者的质疑。作为一种社会现象，高校举办者有着不同的动机和目的，而且利己与利他行为（外部性）都同时存在。利己行为与利他行为的公益性孰大不必论证，据此也无法推断举办者的动机与目的。实际上，《中华人民共和国民办教育促进法》认定，提取合理回报有利于民办高等教育的发展，但何种程度的回报算是“合理”，并没有具体的数据供给参照，分类管理试验省份对“合理回报”的理解也存在较大差异，这造成了民办高等教育研究领域内难以形成对合理回报的共识。二是多维标准。王善迈（2011）等提出，分类的标准至少应该包含三个方面，分别为办学所得盈利的支配主体、出资人的初始投入以及追加投入所形成的民办高校固定资产归属、办学终止时剩余资产归谁分配。柯佑祥（2001）、徐绪卿（2011）等也提出了类似的观点，认为界定营利性和非营利性民办高校应从是否以营利为办学目的、举办者是否享有办学结余资产的所有权及最终剩余资产等三个方面来进行。

8.1.3　分阶段实施分类管理的争议

中国民办高校的实际运行已超出了营利和非营利两类组织的划分范畴。实践中，部分省市在出台的试点方案中，不仅承认非营利性民办高校举办者出资的原始资产权，还允许出资者从办学结余中取得合理回报，显然突破了传统“非营利性组织”的概念边界。基于这样的现状，有学者提出四分法是一种过渡阶段、二分法是最终理想阶段这样的看法，并给出从四分法到二分法的相关政策建议。

8.2　现实困境与存在的问题

8.2.1　营利与非营利分类管理无较大突破

实际上，自《国家中长期教育改革和发展规划纲要（2010—2020 年）》提出要积极开展营利性、非营利性民办高等教育分类管理模式的探索后，教育部门便开始在部分省市进行试点工作，但实际效果远低于预期。从试点启动至今，多数省市无论在政策还是实践方面，均没取得较大突破，有的仅是发布文件将民办教育划分为营利和非营利而已，流于形式。究其原因，存在以下几点。

首先，目前分类管理实施的基础存在局限性。以非营利和营利性标准对民办高校进行管理，源自西方高教领域。前者基于捐资办学的性质，后者则建立在投资办学的基础上。捐资办学历史悠久，并且是私立高等教育的主流，投资办学则不然，仅出现在 20 世纪 90 年代，即这两种划分是基于捐资办学为主流且发展较成熟的情境下。纵观我国现代民办高等教育的发展，起步于改革开放之际，受制于彼时的经济条件，捐资办学极少，而高等教育市场需求巨大。民办高校的举办者在这样的情况下，以滚动发展或一次性投资的模式进入高等教育领域。总体而言，是以投资办学为主，营利意图明显。统计数据也支持这一观点，2011 年我国民办高等教育的资产结构中，社会捐资仅为投资办学总额的 6% 左右，仅占当年高等教育总投入的0.54%，同年民办高校的办学经费来源组成中，来自捐赠的收入仅占0.33%。现有的696所民办高校（具备学历颁发资格）中，绝大多数均有要求取得合理回报的意向。柯佑祥等（2012）认为，捐资办学应该是未来发展的主要方向，是政策鼓励的主要导向，但由于捐资办学涉及社会、经济、文化、道德等多方面的问题，我国目前经济发展水平和民间资本实力及理念上尚不具备这样的基础，捐资办学风气的形成还有待时日。

8.2.2 民办高校面临“选边站队”的道德风险

营利与非营利甚至准营利的分类实际上是要求民办高校举办者“选边站队”。从目前的试点实践来看，几乎没有民办高校选择营利作为办学属性。另外，选择非营利属性的，表面上看确实不少，但实际情况并非如此（部分民办高校迫于道德压力而选择非营利属性），更多的民办高校则处于观望的状态。显然，多数民办高校之所以不选择营利性，究其原因，在于传统的思想观念中，高等教育的营利性行为始终难以被认同。更进一步，在民办高校目前生存的环境中，其弱势地位非常明显，若选择了营利性，可能会招来更多“有色眼镜”的审视。而且，时至今日，政府尚没有出台适用营利性高校的相关法规和政策。即使民办学校选择了非营利性属性，目前政府相关部门对民办高校在政策保障方面也非常欠缺。因此，尽管政府积极推行分类管理，但绝大多数民办高校举办者无所适从，处境尴尬，这些因素直接导致实施这种分类管理困境的产生。

8.2.3 合理回报和利润的区别有待进一步审视

民办高等教育投资回报多少才算合理范畴，争议较多，有“不超过银行贷款基准利率的一倍”的说法，有不超过存款利率的150%的说法，也有不超过当年贷款基准利率的2倍的说法，还有学者通过大量历史数据的收集，通过内部收益率方法计算出民办高等教育的投资回报率为9%左右，但普遍被接受、认可的并不多。要确定民办高等教育投资回报率，影响因素多、涉及范围广，真正确定“合理回报”尚需进一步的研究。同时，不少学者认为，合理回报和利润有着本质区别，前者是非营利属性的体现，后者似乎是资本逐利标志，并且对利润的这种刻板效应应进一步反思。利润对民办高校来说就是办学结余，只是标志着一所学校办学效益以及资产运行效率高低的检测指标而已。对于办学结余或者办学亏损，从理论上来讲，每一所学校均有可能，只不过营利性民办高校的办学盈利能力一般情况下强于非营利性民办高校。

确立营利性和非营利性甚至准营利性等民办高校的区分标准，从理论层面上而言，是相对比较容易的，但实践中对现有的民办高校如何分类的实践操作远难于理论分类。营利性、准营利性以及非营利性民办高校将面临迥异的土地、税收、财政等公共政策。简而言之，选择不同类型的标准办学，对民办高校举办者来说，标志着一系列显性和隐性利益的重新分配、取舍。因此，施行分类管理需要针对不同类型的民办高校的属性特征，进一步完善现有的民办高等教育政策法规和制度创新管理。

在现阶段的试点区域，迫于“选边站队”的困扰，部分民办高校的举办者已经或明或暗地进行了资产转移，也有的重新调整民办高校的资产结构，变相地回收投资。更有甚者，在收回投资过程中谋取了不菲的回报，导致学校的正常办学秩序受到影响。这种状况已经危及民办高等教育的稳定、健康发展，打击了民办高校举办者的积极性，若不及时解决，民办高等教育的发展将可能面临非常艰难的局面。

8.3　关于民办高等教育分类管理过渡模式的设想

8.3.1　前提假设

既然面临多数民办高校是基于投资办学这样的现实，那么现阶段进行营利、非营利或者准营利的划分，实施的基础并不具备。（巩立霞，2011）为稳步提升民办高等教育质量和突破发展桎梏奠定基础，实施分类管理前需要一个过渡阶段，并且在过渡阶段，应该能够促进民办高校属性的进一步分化，由投资办学向捐资办学属性发展。过渡阶段的分类管理模式应在假定所有民办高等教育均是投资办学的情况下制定（类似部分法律制定是先基于人性“恶”的假设，而后再制定相关法律给予约束），而不是基于出资性质、剩余索取以及最终资产的归属来明确，这种理论假设与我国目前民办高校举办属性的现实更加契合。

8.3.2　过渡模式的设想——基于公益测度的动态分类管理探析

民办高等教育具有正外部性，不但给教育消费者带来收益，而且使整个社会受益。同时，民办高等教育增加了公民教育选择的机会，为接受教育群体提供了知识与技能，从而使该群体获得更高收入和相对较强的职业迁移能力，因此它不仅符合个人利益，还符合社会公共利益。即使是营利属性明确的民办高校，也应能够有尊严、体面地办学。民办高等教育分类管理政策制定时应考虑包容性，允许多种发展方式并存，善待通过投资办学获取合理回报的办学模式，将更加有利于促进民办高校的发展。（邬大光，别敦荣，2012）

既然无论是营利还是非营利属性的民办高校均存在着公益性（正外部性），那么设想以省为区域，测算省内各民办高校公益程度（本研究中命名为公益指数）的相对大小，具体可以根据高校自身教育支出状况（分解成若干指标加以合成）进行评估，再应用聚类分析方法，视实际情况分成若干类，而后根据不同民办高校公益指数的大小，确定在连续分类中不同的区位，给予不同的政策倾斜或财政资助，上限可以与公办高校等同，下限则视情况给予较低的政策优惠及财政补助等。

过渡阶段这样分类管理，现实意义明显。①可以避免民办高校面临“选边站队”的困境，给出缓冲，稳定目前民办高校发展的态势；②通过不同的政策优惠和资金扶持，可以鼓励、促进民办高校向捐资办学属性发展，使民办高等教育属性走向进一步分化、明确；③办学公益性程度的大小，视现实情况定期评估，即属性的划分并非终身制，可以为期一年，也可为期两年，动态管理，从而避免一次就给民办高校在营利、准营利或非营利上定性，迫使民办高校的举办者面临选择的尴尬境地，同时为促进我国民办高校发展起到了很好的推动作用。接下来，以公益性程度（用指数的形式表示）分类模式进行探索分析。

8.4 基于公益指数视角的民办高校动态分类模式的探索——以浙江民办高校为例

教育作为公益事业，正是基于教育的正外部性这一特征，若教育支出大，教育质量便相对较高，公益性愈发突出，这样无论是个人还是社会整体，收益会增加，因此可以把民办高校的公益性作为一个表征变量（公益指数）来反映民办高校各自营利或非营利程度的大小。但从该角度对民办高校的公益性程度进行度量，并进一步在不同民办高校内进行比较，需要深入探讨。表征高校公益程度因素较多，通过怎样的方式方法来反映，笔者在研究中提出了初步的思路，希望能够达到抛砖引玉的效果。①确定公益指数测量的指标体系，并分析各个指标的贡献（或权重）；②对各个指标进行综合，量化省域内民办高校的公益性程度相对大小，综合表征变量为教育公益指数；③对公益指数进行排序，结合统计分析方法，对民办高校按照实际测算结果进行分类，从而可根据不同的类别，确定相应的优惠政策及制度。

8.4.1　民办高校公益程度指标体系的分析

公益程度的评价需要考虑多方面的因素，因而属于多目标综合最优化评价问题。为了探讨并确定评价指标体系，在结合文献研习的情况下，课题组通过向民办高等教育领域内多位学者发放开放式问卷，征询民办高等教育的公益性可通过哪些指标来反映，同时辅以相关的访谈，最终得到了累计达40项指标的评价体系。为客观起见，课题组成员对评价指标进行打分，并采用德尔菲法进行综合分析，反复斟酌，最终将评判民办高校的公益属性程度高低的评价指标确定为 3 个一级指标、8 个二级指标、22 个三级指标（见表 8–1）。

表 8–1　民办高等学校公益指数评价指标体系

一级指标	二级指标	三级指标	
资源投入	师资投入	X1	当前专职教师比例（%，↑）
		X2	近五年教师人均工资增幅（%，↑）
		X3	教师平均工资（元，↑）
	生均投入	X4	年学费额度（元，↓）
		X5	生均教育经费投入（元，↑）
		X6	生均校舍面积（平方米，↑）
		X7	生均公共用房面积（平方米，↑）
培养现状与管理	教育规模	X8	在校学生总规模（人，↑）
		X9	新生录取报到率（%，↑）
	公共利益指标	X10	学校助学金等受益学生比例（%，↑）
		X11	教师人均学期学时数（课时，↓）
	管理决策因素	X12	决策程序的公正、公开程度（问卷，↑）
		X13	年度实际教学时间（学生在校天数，↑）
		X14	公共性机构人员所占比例（%，↑）

（续表）

一级指标	二级指标	三级指标	
产出与效益	教育服务效益与质量指标	X15	上年度年经费结余率（%，↓）
		X16	学生就业率（%，↑）
		X17	学生流失率（%，↓）
	社会贡献程度	X18	累计学校承担社会服务项目数（↑，↑）
		X19	累计校际交流与支援、支教项目数量（↑，↑）
	社会满意度	X20	本校教职工满意度（问卷得分，↑）
		X21	学生满意度（问卷得分，↑）
		X22	用人单位满意度（回访问卷得分，↑）

注：表中↑表示高优项目，值越高表示公益性趋向越高；↓表示低优项目，意义相反。

8.4.2 评价指标权重的确定

对于多指标的综合决策，确定各指标的贡献或权重是关键。鉴于一省的民办高校数量有限，用传统的统计方法存在着小样本问题，影响结论的客观性，因而课题组采用灰色关联分析（Grey Relational Analysis，GRA）方法来对表 8-1 中不同指标的权重进行确定，具体步骤如下。

（1）确定评价指标体系中的标杆指标以及对比指标。一般而言，可以预先通过专家的评判，把指标体系中对最终评价结果影响最大的因素选取为标杆指标。本研究中，采用层次分析法，通过多位专家的一致性评判，把民办高校中生均教育经费投入（X5）选为标杆指标，把该指标对应值记为 $X_0=(x_{10}, x_{20}, \cdots, x_{n0})^{\mathrm{T}}$，则指标体系中的其他指标可相应作为对比指标，其对应的指标值记为 $X_j=(x_{1j}, x_{2j}, \cdots, x_{nj})^{\mathrm{T}}$（$j=1, 2, \cdots, n$）。

（2）由于不同指标的量纲不一样，为去除该影响，对 $\boldsymbol{X}_0$、$\boldsymbol{X}_j$ 进行必要的初值化处理，除去量纲，方式为 $x'_{i0}=x_{i0}/x_{10}$，$x'_{ij}=x_{ij}/x_{1j}$，分别记作 $X'_0=(x'_{10},x'_{20},\quad ,x'_{n0})^{\mathrm{T}}$，$X'_j=(x'_{1j},x'_{2j},\quad ,x'_{nj})^{\mathrm{T}}$，即可得初值化指标 $B=(X'_0, X'_j)$。

（3）计算比较指标 X_j 与标杆指标 X_0 之间的关联系数：

$$r_{ij}=\frac{\min_i \min_j x'_{i0}-x'_{ij}+\rho \max_i \max_j x'_{i0}-x'_{ij}}{x'_{i0}-x'_{ij}+\rho \max_i \max_j x'_{i0}-x'_{ij}} \tag{8-1}$$

从而得到关联系数矩阵 $\boldsymbol{R}=(r_{ij})_{m\times n}$。公式中 ρ 值取 0.5。

（4）对矩阵 $\boldsymbol{R}$ 每列求平均值，即

$$r_j=\frac{1}{n}\sum_{i=1}^{n}r_{ij}, j=1,2,\quad,m \tag{8-2}$$

r_j 表征了第 j 指标与标杆指标关联程度的大小，r_j 越大，则反映第 j 指标和标杆指标关联程度越大。从统计学角度来解释，可以认为该指标对最终评价的贡献或影响更大，因此在整个评价指标体系的所有指标中，该指标的权重就越大。

（5）将 r_j 进行归一化处理，并令

$$w_j=r_j/\sum_{j=1}^{n}r_{ij}, j=1,2,\quad,m \tag{8-3}$$

即可将 $w=(w_1,w_2,\quad,w_n)^{\mathrm{T}}$ 作为指标权重。

8.5　动态分类管理的应用

以浙江省为例，选取省内 10 所民办高校（有学历颁予的高校，但不含独立学院）作为调研对象，并发放调查问卷。问卷回收及访谈中，课题组依据研究的性质以及被访谈者（高校）的要求，依次把高校分别用 GX1~GX10 来代替，获得的数据采用最大—最小法模式进行标准化处理，得到不同民办高校在各个指标上的相对标准值，见表 8-2 所列，X1~X22 分别对应表 8-1 中的三级指标，其中“社会满意度（X20~X22）”以及“决策程序的公正、公开程度（X12）”值通过问卷得到，采用里克特量表法（按照 1 ～ 7 分）来给定，其他数据来源于各调研对象的网站最新信息，或者通过课题组联系高校进行调研等方式得到。

表 8-2　浙江省民办高校（部分）各指标的标准化值（最大—最小法）

指标＼高校	GX1	GX2	GX3	GX4	GX5	GX6	GX7	GX8	GX9	GX10
X1	0.21	0.82	1.00	0.21	0.49	0.68	0.19	0.61	0.05	0.00
X2	0.42	0.35	0.33	0.45	0.20	0.00	1.00	0.56	0.25	0.23
X3	0.00	0.28	0.46	0.28	0.46	0.76	1.00	0.75	0.20	0.30

（续表）

指标＼高校	GX1	GX2	GX3	GX4	GX5	GX6	GX7	GX8	GX9	GX10
X4	0.33	0.33	0.33	0.00	0.33	0.67	1.00	0.33	0.00	0.00
X5	0.00	0.94	0.70	1.00	0.63	0.82	0.81	0.91	0.53	0.81
X6	0.48	0.70	1.00	0.85	0.28	0.24	0.15	0.70	0.05	0.00
X7	0.91	1.00	0.82	0.55	0.24	0.36	0.18	0.36	0.00	0.42
X8	0.09	1.00	0.84	0.35	0.26	0.28	0.48	0.24	0.00	0.24
X9	0.74	1.00	0.30	0.19	0.00	0.42	0.55	0.81	0.44	0.67
X10	0.00	0.18	0.73	0.27	0.27	0.91	1.00	0.91	0.82	0.46
X11	0.18	0.36	0.73	0.55	1.00	0.91	0.00	0.36	0.18	0.82
X12	1.00	0.00	0.33	1.00	0.67	0.33	0.00	1.00	0.33	0.00
X13	0.26	0.46	0.00	0.23	0.40	0.54	0.49	0.60	1.00	0.34
X14	0.55	0.80	0.31	0.11	0.00	0.38	0.62	0.45	1.00	0.56
X15	0.86	0.50	0.31	1.00	0.00	0.22	0.68	0.88	0.35	0.53
X16	1.00	0.80	0.60	0.50	1.00	0.80	0.70	0.40	0.00	0.10
X17	0.67	1.00	0.59	0.26	0.61	0.08	0.00	0.22	0.14	0.41
X18	0.68	0.63	0.47	0.11	0.16	0.00	0.58	0.74	1.00	0.47
X19	0.13	0.48	0.00	0.91	0.09	1.00	0.65	0.70	0.30	0.00
X20	1.00	0.75	0.75	0.50	0.50	0.25	0.00	0.25	0.50	0.50
X21	0.75	0.50	0.75	1.00	0.25	0.25	0.50	0.00	0.00	0.75
X22	1.00	0.33	0.33	0.67	0.67	0.33	0.00	0.00	0.33	0.67

数据来源：课题组的问卷调查、浙江省教育统计信息、各个民办高校网站以及部分访谈数据整理后得到。

8.5.1 评价指标灰色关联权重的确定

以指标值的客观性、可靠性以及可获取性等作为标准，在确立“生均教育经费投入（X5）”作为标杆指标后，利用前述式（8-1）进行指标间灰色关联分析，再进行归一化处理，得到各指标的权重，具体计算结果见表 8-3 所列。

表 8-3　评价指标灰色关联权重方法的计算值

变量序号	权重值	变量序号	权重值	变量序号	权重值	变量序号	权重值
X1	0.039	X7	0.04	X13	0.049	X19	0.039
X2	0.044	X8	0.058	X14	0.047	X20	0.048
X3	0.032	X9	0.040	X15	0.053	X21	0.047
X4	0.043	X10	0.053	X16	0.042	X22	0.042
X5	0.071	X11	0.045	X17	0.038		
X6	0.047	X12	0.039	X18	0.044		

8.5.2　公益指数的计算值及其分类

根据表 8-3 得出的各指标的权重值，结合对应标准化计算值，计算各个参与调研的民办高校综合指标，并对其进行排序。

从表 8-4 可知，各民办高校之间的公益指数差异明显，GX2 公益指数在调研的高校中最大，说明该高校公益性在 10 所统计的高校中是最突出的，也就是相对贴近公益性的理想状态；民办高校 GX1 的综合指数相对最小，表明在这 10 所高校里其营利性最突出，该结论跟原始数据也比较吻合。相比其他高校，该校在“生均教育经费投入（X5）”“学校助学金等受益学生比例（X10）”等关键指标值均非常低，在统计的 10 所高校中，位次是最靠后的，而民办高校 GX2 则正好相反。

表 8-4　各高校的公益指数值及相应位次

民办高校	GX1	GX2	GX3	GX4	GX5	GX6	GX7	GX8	GX9	GX10
公益指数	0.277	0.938	0.609	0.717	0.333	0.641	0.720	0.888	0.573	0.587
位次	10	1	6	4	9	5	3	2	8	7

根据计算得来的综合指数值，运用SPSS17.0统计软件，对这10所高校进行单因素聚类分析（可以根据实际需要，按照不同省区市民办高校的发展情况，可指定聚类分析的类别。本研究中，定为五个类别），并将结果进行整理，如表8-5所示。GX2属于公益性程度最高的一类。GX8公益性相对较好，相比GX2则公益性程度略差。GX7、GX4两所高校的公益指数处于中等类别，而GX6、GX3、GX10这三所高校公益性指数一般。GX5、GX1的公益指数较差，其营利性目的相对较为明显，具体见表8-5所列。

表8-5　民办高校公益指数的聚类分析

等级划分	民办高校类别归属	等级说明
1	GX2	公益性最高
2	GX8	公益性较好
3	GX7、GX4	公益性中等
4	GX6、GX3、GX10	公益性一般
5	GX5、GX1	公益性较差，营利性明显

值得注意的是，从10所民办高校公益综合指数的计算结果可以看出，仅有两所院校的公益性相对较好，有8所院校的公益指数在中等或中等以下，甚至有2所院校营利的目的性非常明显，这从侧面反映了我国目前民办高校大多是基于投资属性这一事实。

从图8-1也可以看出，各民办高校在公益性方面有不同的表现，甚至呈现连续分布的态势。而纵观目前的多数文献研究，直接以营利、准营利或非营利为标准，把民办高校进行分类，这种一刀切的方式显然不符合实际情况。这种分类模式不仅在操作上存在困难，还不利于民办高校的健康发展。民办高等教育分类管理需要更加灵活的制度，需要分阶段实施，更需要深入的创新制度。笔者认为，可以以省为区域，根据公益性程度体现的大小，相应建立一个连续和动态的类别（可根据实际情况确立），对省内民办高校的公益属性加以辨析，并据此来制订相关的政策。比如，对于公益性体现明显的，在土地、税收、产权制度等方面给予倾斜，甚至可以有与公办高校同样的待遇；随着公益程度的降低，可以根据评估结论，酌情降低甚至取消政策优惠，这样既不至于打击现有民办高等教育举办者的积极性，又可以进一步促进民办高校向非营利性发展，最终使民办高校稳步发展，从质量、数量上满足我国高等教育的需求。

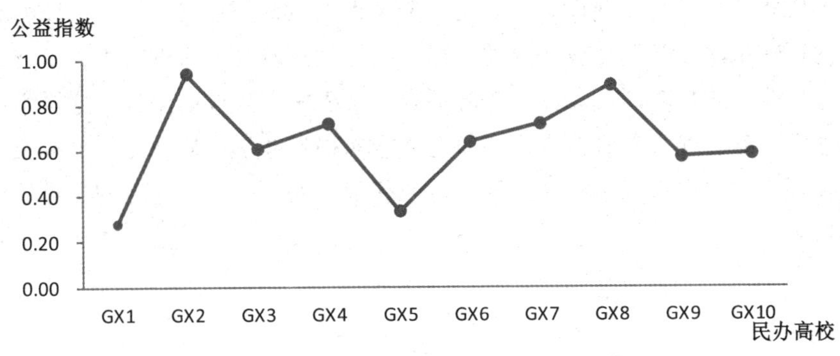

图 8-1　浙江省民办高校公益指数折线图

8.6　本章小结与展望

分类管理实施涉及多方面因素，制度建设复杂。其配套政策的制订需要教育、财政、国资、国土、金融、民政以及工商等多个部门的协调合作，是一项系统性工作。适宜的民办高等教育分类管理方式需要在相应多个方面进行制度创新。目前，在配套政策及制度出台尚需时日的情况下，对于分类管理模式，更需要设计者提纲挈领，设计分类管理的阶段性策略，明确分类管理制度构建的原则和框架，制订长远的推进计划和实施策略。

本章通过分析，对现阶段分类管埋模式进行探讨，提出了分类管理尚需过渡阶段的设想，并以民办高等教育的公益指数这一表征变量作为判断标准，视公益指数的大小，按地区划分民办高校的类别：若公益指数较高，则相应的政策措施，如土地、税收、财政扶持等，给以倾斜。但需要强调的是，无论民办高校是否为营利属性，均不能将其以工商企业性质来对待。就民办高等教育的正外部性而言，国家政策方面也应给以相应的优惠。

本章通过公益指数模式的分类探讨，首先可避免民办高校被迫一次性“选边站队”的尴尬境地，有利于稳定现阶段民办高校的持续发展。从目前分类管理试点实践的情况来看，当前的试点模式对办学秩序造成的冲突是显而易见的。其次，这种分类的确定可以进行定期评估，而不是固定不变，属于动态的分类模式。民办高校举办者可以根据评估的结论，逐步调整办学策略和措施，如果这次在公益Ⅳ类，那么通过策略的改变，在下期的评估中可能会被评为公益Ⅱ类。再次，这种分类模式的探索可以使民办高校由投资属性向捐资属性发展。若某民办高校在前期的评估中属于营利比较明显的，那么获得优惠政策的难度较大，教育投入会减少，影响人才培养质量，社会声誉下降，关乎民办高校的生存。这样举办者会调整办学策略，加大教育投入，从而进一步向捐资办学性质靠近，争取获得有利的生存环境，这样有利于民办高等教育的稳步发展，为分类管理的深化提供良好的基础。

第 9 章　结论与展望

民办高等教育是我国民办教育事业的重要组成部分，是促进高等教育事业改革与发展的重要力量。准确把握民办高等教育发展的现实脉络，客观分析民办高等教育发展过程中存在的难题，及时研究民办高等教育领域的热点问题，能够为政府“大力支持民办教育”“依法管理民办教育”提供参考依据，为进一步推动民办高校管理体制改革、加强内涵建设、提高办学质量提供思路和策略。本书以市场、投资风险作为分析视角，在吸收我国民办高等教育投资与管理相关理论的基础上，运用管理科学的新方法、新技术，结合相关的数据和材料，对我国民办高等教育投资决策关键因素进行了深入的研究，取得了以下一系列较有价值的研究成果与结论，为我国民办高等教育投资与风险管理提供有益的参考，丰富了民办高等教育投资风险评估与管理的理论方法与体系。

9.1　主要研究结论

本研究运用教育经济、风险投资以及现代管理科学等相关理论，采用理论分析和实证研究相结合的模式，对民办高等教育的特性、营利性（投资办学）的驱动因素、投资决策的关键因素以及风险评估等进行了系统研究，主要进行了以下工作并得到了相关的结论。

（1）从私人属性和准公共产品属性这两个属性出发，进一步阐述了民办高等教育营利的合理性，对强调营利的同时要兼顾公益性原则方面进行了定性的分析。同时，从我国的实际情况出发，对我国民办高等教育存在的风险现状进行了探索，并总结了目前主要的几种风险类型，分别为民办高等教育经营管理风险、财务风险、政策风险以及市场风险。

（2）对民办高等教育投资（或管理）的主体进行了分类，从政府层面、办学主体（出资者）层面以及获取民办高等教育的家庭层面进行了定性和定量分析，并把民办高等教育投资机制分为主体投入机制、动力机制、吸纳机制以及保障机制等几部分。

（3）分别从固定资产投入的折旧成本、日常教学的运行成本出发，进一步细化民办高等教育成本的分布，并结合民办高等教育的收益分析，从办学投入、办学收入、办学结余以及合理回报几个角度提出建议；采用内部收益法（FIRR），估算了我国民办高等教育合理回报的区间（投资回报率），理论计算出我国民办高等教育的投资合理回报区间为 8.7% ～ 12.1%，并总结了规范取得合理回报的相关政策建议。

（4）民办高等教育投资的决策因素分析。民办高等教育投资取得合理回报需要遵循的原则为办学规模与办学质量之间的均衡、民办高等教育短期回报要兼顾长远发展、在讲究获取合理回报的同时要与社会效益并重等。从政府角度来讲，其决策的方向为更好地支持民办高等教育长远发展，并从政府对民办高等教育投资的态度、职能改革方面提出建议；从民办高等教育投资方考虑，学校产权的结构将直接影响其社会效益；从家庭投资角度出发，影响家庭投资民办高等教育的因素有家庭的社会成本、经济成本、人力资本获得及其产生的经济效益等。

（5）优化民办高等教育投资必须遵循成本最优原则、教育产业规律原则、风险可控最大化原则以及符合国家政策原则。从政府层面和投资方视角提出了优化投资的对策，前者的措施有完善相关法律法规、明确民办高等教育投资的产权归属、赋予民办高等教育“国民待遇”、加大财政资助力度、完善民办高等教育投资财政资助机制等；从投资方视角来说，积极探索民办高等教育资金筹措方式和途径，加快民办高等教育投资多渠道筹措机制建设，加快民办高等教育现代大学制度建设，完善民办高等教育投资法人治理机制，区分营利性和非营利性民办高等教育，等等。

（6）构建了以灰色白化变权聚类思想为基础的民办高等教育投资的风险评估模式，利用单项功效系数及综合功效系数，进一步构建了民办高等教育投资的风险预警模型。

9.2 本研究的创新及存在的不足

9.2.1 主要创新点

（1）拓展研究视角。对民办高等教育的研究多是在强调其公益性（非营利性）的基础上进行分析，但目前关于投资办学（突出营利性）的客观现实是存在的。本研究在确定民办高等教育获得合理回报的基础上进行分析，这样使民办高等教育具有一定的动力机制。在保证其公益性的情况下，使民办高等教育持续稳定发展。

（2）对民办高等教育合理回报区间的估测。为了使投资办学性质的民办高等教育健康发展，在公益性和营利性之间保持一定的均衡性，通过收集相关数据，采用内部收益、因子分析等定量分析的方法，估算出投资回报的区间，为规范民办高等教育投资提供了参考。

（3）从不同的投资主体出发，分析了影响民办高等教育投资的决策因素（或驱动因素）。从政府层面，对政府支持民办高等教育的动因进行了剖析；从接受民办高等教育的家庭和民间资本投资办学两个视角出发，分析这两者投资于该领域的关键决策因素，前者引入家庭资本等因素，后者应用三阶段博弈方法，利用效用函数进行民办高等教育投资决策分析。

（4）从定量的角度及相关方法对民办高等教育投资风险进行分析和评估。本研究应用了基于贝叶斯网络结构的风险评估法、主成分分析法等来分析，这在以往的研究中几乎没有；提出了优化投资和防范风险的相关建议。

（5）构建民办高校风险投资评价指标体系。由民办高校财务风险、运营风险、发展风险 3 个维度构建出由 3 个一级指标、19 个二级指标构成的民办高校办学投资风险评估指标体系；利用灰色白化变权聚类思想构建出适合民办高校的投资风险评估模型，并进行实证；在单项、综合功效系数计算的基础上，构建民办高等教育投资风险预警模型，并对该模型进行了实证分析。

9.2.2 存在的不足

（1）民办高等教育在我国重新发展时间不长，对其认识和定位正在发展中，特别是立法和政策相对滞后，影响民办高等教育投资机制的建立。本书主要从市场角度分析，从法理角度对民办高等教育投资机制进行的研究较少。

（2）由于论文侧重点以及公开资料较少，本书侧重理论分析和演绎，系统的实证分析较少。以上问题有待进一步研究。

9.3 研究展望

本研究以管理科学方法理论、需求双方的相互作用理论以及高等教育发展路径的相关理论为研究工具，以市场、投资风险作为分析视角，在扼要分析我国民办高等教育投资主体需求（或动因）及其特征和对待风险的决策依据的基础上，采用风险投资指标细化体系及其对应的指标，运用相关的数据和材料，从实证和演绎这两个角度，对我国民办高等教育投资的风险及投资决策关键因素进行了深入的研究。实际上，市场分析角度的引入使民办高等教育机构个体与外部环境之间的对应关系纳入统一的考察范畴，更使结合微观层面（办学机构和个人及家庭）与宏观的国家层次来分析民办高等教育的稳定发展成为可能。即便如此，本书的研究所呈现和展示的仅是民办高等教育投资决策、风险防范的内容，是我国民办高等教育发展图景的局部。民办高等教育理论需要不断完善和修正，为此，在结束本研究之前，有必要对我们未来研究的发展方向和所面临的挑战进行简单的展望。

（1）对民办高等教育机构的毕业生在劳动力市场中的流动趋势进行追踪调查的必要性。随着高校毕业生就业流动趋势的日益显著、毕业生就业岗位更换的频繁化，需要深入研究分析民办高等教育机构的毕业生的就业岗位环境、就业内容、就业流动等职业生涯发展路径，并结合社会、经济等外部因素的影响，系统考察“民办高等教育的教学服务特征—毕业生就业能力倾向—首次就业—职业发展经历”之间的影响机制，只有这样，才能更为准确全面地考察民办高等教育与劳动力就业市场之间的契合性，发现民办高等教育存在的问题。

（2）进一步国际比较研究的必要性。我国民办高等教育在高等教育系统中的边缘性定位，特别是发展的社会背景、定位及教学课程的发展趋向，在一定程度上与发达国家相应的高等教育机构具有明显的共性。另外，作为我国高等教育的私立部门，民办高等教育的崛起及其发挥的作用与东南亚地区的私立高等教育以及在拉美地区出现的私立高等教育的发展有着相似的特质。那么，在当今世界各国私立高等教育的发展潮流中，我国民办高等教育的独特性体现在哪里？未来我国民办高等教育的发展方向在哪里？通过国际比较，将为寻求上述问题的答案提供有效的帮助。

（3）民办高等教育投资风险预警机制的进一步完善。现有的关于民办高等教育投资风险的研究基本上从宏观角度进行分类，强调风险的存在和来源。评估民办高等教育投资风险时，不仅要对投资前的风险进行评估，还要对投资后民办高校的正常运行进行监测。这使运行中的风险评估显得更为重要，因此需要建立相对完善、有效的风险预警机制，以便及时采取对应的措施，规避风险，保证投资的风险降到最低。这也是民办高等教育投资办学进一步研究的方向之一。

（4）民办高等教育投资办学的地域性差异研究。虽然我国民办高等教育研究在数量上出现大幅增长，但就研究深度和系统性而言，存在较大的探索空间。本书中的相关结论对地域性差异的分析非常少，考察的空间以东南地区为主，故本书的相关结论具有一定的特殊性和局限性，需要进一步研究和考察不同地区的差异。

附录　我国民办高校应届毕业生就业状况调查问卷

亲爱的同学：

你好！

这是一项旨在了解民办高校毕业生就业流动状况的调查。你所提供的资料非常宝贵，对今后我国毕业生就业政策的制订有着重要的参考价值。我们衷心希望能得到你的支持，共同为高等教育事业贡献力量。对你提供的资料，我们将匿名处理，仅供学术研究之用。学校人员及其他资料使用者将无从知悉你的个人身份，请放心填写。

填写本问卷所需时间约5～6分钟。谢谢你的合作！

填写提示：请在相应选项前的“□”上面画“√”，或在“______”处填写相应内容；请注意问题后面括号中所附的提示语或说明；如无特殊说明，均做单项选择。

第一部分　背景资料

1. 性别：□男；□女。
2. 民族：□汉族；□少数民族。
3. 家庭所在地省市：____省____市。
4. 你的家庭所在地属于：

□农村；□乡镇；□县城；□县级市；□地级市；□计划单列市；□省会城市；□直辖市。

5. 你的家庭“月收入”是

□ 2 000 元以内；□ 2 001 元～ 4 000 元；□ 4 001 ～ 6 000 元；

□ 6 001 元～ 8 000 元；□8 001 ～ 10 000 元；

□ 10 001 ～ 12 000 元；□ 12 001 ～ 14 000 元；□ 14 001 元以上。

6. 你父亲的受教育程度是（　　），你母亲的受教育程度是（　　），请填写相应编号。

①小学及以下；②初中；③高中或中职中专；④高职高专；⑤本科；⑥研究生及以上。

7. 你父亲的职业属于（　　），你母亲的职业属于（　　），请填写相应编号。

①办事人员；②农业劳动者；③私营企业主；④商业服务员工；⑤个体工商户；⑥产业工人；⑦经理人员；⑧国家与社会管理者；⑨专业技术人员；⑩城乡无业、失业、半失业者。

8. 你就读的学校是＿＿＿＿＿＿＿＿；就读的专业是＿＿＿＿＿＿。

9. 你的专业属于：

□经济学；□艺术学；□理学；□文学；□工学；□教育学；□医学；

□管理学；□历史学；□哲学；□农学；□法学；□军事学。

10. 你的学历层次是（　　）。①专科；②本科；③硕士；④博士。

如果你选择的是③、④项，请你写出本科院校的名称＿＿＿＿＿＿。

11. 你在学校期间的综合成绩排名大概是所读班级的：

□后 20%；□ 61% ～ 80%；□ 41% ～ 60%；□ 21% ～ 40%；□前 20%。

12. 你在校期间是否获得外语等级证书：□是；□否。

13. 你在校期间是否考取从业资格证书：□是；□否。

14. 你从事过的兼职或全职实习：□没有；□ 1 次～ 3 次；□ 4 次以上。

15. 你毕业后的去向是＿＿＿＿＿＿（请填写编号）。

①已确定单位（包括有就业意向）；②待就业；③不就业拟升学；④暂不就业；⑤自主创业；⑥自由职业；⑦灵活就业；⑧升学；⑨出国出境；⑩其他。

16. 若第 15 题你选择的是②、④项，请写下你没有就业的原因：＿＿＿＿＿＿。

17. 若第 15 题你选择的是③、⑧项，请选择你继续升学的原因：＿＿＿＿＿＿。

□获得文凭；□提高就业起点；□专业兴趣；□保送；□其他。

第二部分　就业情况

18. 你即将从事的工作是__________________。

19. 你的工作属于哪一行业？

□制造业；□建筑业；□交通运输仓储邮政业；□计算机服务和软件业；□金融业；□房地产业；□批发零售贸易业；□公共管理和社会组织；□教育业；□医疗卫生业；□文化体育娱乐业；□租赁和商务服务业；□科学研究与技术服务业；□居民服务和其他服务业；□住宿和餐饮业；□其他。

20. 你的工作所在地：_____省_____市。

21. 你的工作所在地属于：

□农村；□乡镇；□县城；□县级市；□地级市；□计划单列市；□省会城市；□直辖市。

22. 你是否愿意到中小城市或西部去发展：□是；□否。

23. 你签约的工作月薪约为______，你最期待的月薪是______（请填写相应编号）。

①1 000元以下；②1 001～2 000元；③2 001～3 000元；④3 001～4 000元；⑤4 001～5 000元；⑥5 001～6 000元；⑦6 001～7 000元；⑧7 001元以上。

24. 你的工作单位是______，你最期望的工作单位是_____（请填写相应编号）。

①三资企业（包括中外合资经营、中外合作经营、外商独资经营三类企业）；②科研设计单位；③高等学校；④中初级教学单位；⑤医疗卫生单位；⑥其他事业单位；⑦金融单位；⑧国有企业；⑨党政机关；⑩部队；⑪自主创业；⑫其他非国有企业；⑬其他。

25. 你选择这份工作的原因：（可多选，最多可选择四项）

□单位性质；□薪酬福利；□社会地位；□发展前景；□区域位置；□兴趣爱好；□专业对口；□婚恋原因；□家庭原因；□其他。

26. 你在选择工作时，优先考虑的三个因素是

□单位性质；□薪酬福利；□社会地位；□发展前景；□区域位置；□兴趣爱好；□专业对口；□婚恋原因；□家庭原因；□其他。

27. 你的工作与你在学校所学专业的相关程度________（请填写编号）。

①毫不相关；②关联性不大；③基本相关；④比较相关；⑤非常相关；⑥不清楚。

28. 如果第27题你选择的是①或②项，请你选择工作与所学专业不相关的原因：
□不喜欢与本专业相关的工作；□与专业相关的岗位竞争激烈，难以获取；□与专业相关的岗位需求较少；□不关注专业相关性；□其他。

29. 到你找到工作为止，你大约投放了几份求职简历：
□ 1 ～ 5 份；□ 6 ～ 10 份；□ 11 ～ 15 份；□ 16 份以上。

30. 你找工作大约花费的时间：
□不到一个月；□一到三个月内；□三到六个月内；□六个月以上。

31. 你找工作花费的资金约为：
□ 500 元以下；□ 500 ～ 1 500 元；□ 1 501 ～ 3 000 元；□ 3 000 元以上。

32. 这些花费中占比例最多的三项，金额从高到低是________（请填写编号）
①简历制作；②交通费；③相关的培训费；④服装费用；⑤中介费；⑥其他。

第三部分 自我评价情况

33. 你认为读民办大学对你就业的影响属于：
□正面影响；□正面影响大于负面影响；□负面影响大于正面影响；□负面影响；□说不清楚。

34. 你对签约的工作满意程度如何？请在对应的实际情况中画“√”。

题 项	非常满意	基本满意	一般	不太满意	非常不满意
行业类型					
单位性质					
工作所在地					
工作时间					
工资收入					
发展前景					
工作环境					
社会地位					

35. 你认为下列因素对找工作的重要程度如何？请在表格左侧对应格中画“√”。这些因素对你找工作的影响程度如何？请在表格右侧对应的格中画“√”。

小 ← 重要程度 → 大					题　项	小 ← 影响程度 → 大				
1	2	3	4	5		1	2	3	4	5
					在校成绩					
					个人能力及素养					
					外语水平					
					职业资格证书					
					攻读专业					
					学历层次					
					学校的类型					
					学校声誉					
					校友资源					
					社会实践经验					
					学校就业指导					
					容貌长相					
					政治面貌					
					兴趣爱好					
					性别					
					父母职业					
					父母文化程度					
					家庭经济条件					
					社会关系					

填写日期：__________

再次感谢你的认真作答！

参考文献

[1] 教育部 . 2015 年教育统计数据 [EB/OL].(2016-10)[2018-03-16]http://www.moe.gov.cn.

[2] 教育部 . 2015 年全国教育事业发展统计公报 [EB/OL].(2016-07-06).http://www.moe.gov.cn.

[3] 中国学校招生网 . 民办高校正常运行总数不超四成 [EB/OL].(2010-9-13)[2018-03-17] http://www.schoolzs.com.

[4]《中国西部科技》杂志社 . 忧思民办教育的"生死时速"[J]. 中国西部科技 , 2004(3):19-20.

[5] 周国平 , 谢作栩 . 我国民办高校倒闭问题之思考 [J]. 高等教育研究 , 2006(5):46-53.

[6] 李钊 . 论民办高等教育公益性的实现 [J]. 高等教育研究 , 2009(9):49-54.

[7] 赵彦志 . 高等教育投资的社会平均收益率与民办高等教育合理回报 [J]. 教育研究 , 2010(5):56-62.

[8] DAVID B. Highter education: on a collision course with new realities[J].Washington D. C.: Association of Governing Boards of Universities and Colleges, 1993.

[9] RICHARD R. Highter ed, Inc.: the rise of the for-profit university[M]. Baltimore: The Johns Hopkins University Press, 2001.

[10] GARY B. Lessons from the edge[M].New York: Praeger Publishers,2005.

[11] SHEILA S, LARRY L. Academic capitalism: politics, policies, and the entrepreneurial University[M]. Baltimore: The Johns Hpkins University Press, 1997.

[12] SHEILA S, GARY R. Academic capitalism and the new economy[M]. Baltimore: The Johns Hopkins University Press, 2004.

[13] FRANK N, LAEA C, JAMIE S. The future of higher education: rhetoric, reality, and the risks of the market[M]. San Francisco: Jossey-Bass, 2004.

[14] 德瑞克·伯克.大学何价：等教育商业化[M].台北：天下远见出版股份有限公司，2004.

[15] GREGORY F. The Yin and Yang of for-profit higher education: a case study of the University of Phoenix [J]. social History, 2002.

[16] JEANNE M. Higher education leadship: presidents and cEOs in for-profit, publicly traded colleges and universities[EB/OL].(2005) http://wwwlib.global,umi.com.libecnu.lib.enu.edu.cn/dissertations/fullcit/3082898.

[17] 王翎.新中国高等教育投资制度变迁分析[D].长沙：湖南师范大学，2007.

[18] 徐孝.改革高等教育投资体制的政策思考[J].中国高等教育，2006(23):23-25.

[19] 柯佑祥.中国高等教育投资体制研究[J].民办教育动态，2001(6):35-38.

[20] 张岩峰.我国高等教育投资体制改革的问题与政策选择[J].科学导报，2001(3):3-6.

[21] 唐枫，徐爱萍.我国高等教育投资的现状及对策浅析[J].理工高教研究，2002(2):80-81.

[22] 罗晓华.高等教育财政投资政策研究[D].厦门：厦门大学，2007.

[23] 冯军.民办高等教育发展动因探析[J].浙江科技学院学报，2003(2):128-132.

[24] 柳亮，胥青山.日本私立高校的发展特点及其对我国民办高等教育的启示[J].清华大学教育研究，2004(5):33-38.

[25] 刘兰平.中美民办高等教育成本分担主体的比较研究[J].高等教育研究，2005(3):53-57.

[26] 李旭.美国私立高等教育中公平与效率制衡发展问题探析[J].外国教育研究，2010(7):50-55.

[27] 饶燕婷.20世纪70年代以来美国高等教育结构调整特点及启示[J].中国高教研究，2009(10):48-50.

[28] 王怡宁.国外私立高等教育与高等教育大众化[J].华北水利水电学院学报（社科版），2010(3):151-153.

[29] 黄艳，王蕾.我国民办高等教育的现状分析[J].技术与创新管理，2008,29(6):633-635.

[30] 陈婕，高霞莉.我国民办高等教育发展的阶段划分及其特征[J].浙江树人大学学报，2008,8(4):1-15.

[31] 袁利宁.民办高等院校生存危机因素分析及策略研究[D].南京：河海大学，2007.

[32] 袁怡琴.现阶段中国民办高校的定位问题研究[D].上海：上海师范大学，2006.

[33] 潘懋元，邬大光．世纪之交中国高等教育办学模式的变化与走向 [J]. 教育研究，2001(3):3–7.

[34] 潘懋元，罗丹．多国高等教育大众化模式比较研究 [J]. 高等教育研究，2007(3):1–8.

[35] 邬大光．论建立有中国特色的现代大学制度 [J]. 中国高等教育，2006(10):13–15.

[36] 袁礼斌．民办高校办学环境的新变化和对策思考 [J]. 民办教育研究，2008(4):10–15.

[37] 金利娟．对教育投资风险的评价与思考 [J]. 高等教育研究，2005(5):42–44.

[38] 李钊．防范办学风险：政府和民办高校的责任 [J]. 高等教育研究，2007(11):49–55.

[39] 李钊．我国民办高等教育发展中的三大风险性特征 [J]. 当代教育论坛（上半月刊），2009(4):125–128.

[40] 曾小军．民办高等教育资金困境与需求价格弹性分析 [J]. 教育评论，2009(6):6–9.

[41] 邬大光，王建华．对高等教育介入资本市场的反思——营利与非营利视角 [J]. 教育发展研究，2005(15):54–57.

[42] 董圣足，王一涛．民办高等教育领域“公私伙伴关系”的构建 [J]. 教育发展研究，2009(Z2):40–44.

[43] 石邦宏，王孙禺．民办高校营利性与非营利性的制度思考 [J]. 中国高教研究，2009(3):55–57.

[44] 赵彦志．高等教育投资的社会平均收益与民办高等教育合理回报 [J]. 教育研究，2010(5):56–62.

[45] 鞠光宇．营利性高等教育组织使命界定特点分析 [J]. 中国高教研究，2009(8):35–38.

[46] 李钊．论民办高校公益性的实现 [J]. 高等教育研究，2009(9):49–54.

[47] 郑锋，王永哲．民办高校财产权纠纷失范现象研究 [J]. 教育发展研究，2010(8):25–30.

[48] 许南．我国民办高校产权归属及投资回报文献综述 [J]. 长沙大学学报，2009(11):2–26.

[49] 张宏博．民办高校产权调整的新制度经济学分析——基于广东省 X 学院的个案研究 [J]. 教育发展研究，2010(3):42–45.

[50] 杨尧忠，邓万民．明晰民办高校产权乃当务之急 [J]. 长江大学学报（社科版），2008(1):111–113, 134.

[51] 潘懋元 . 关于民办教育立法的三个问题 [J]. 浙江树人大学学报 , 2001(2):1–3.
[52] 胡建华 . 我国民办高等教育发展特殊性的若干分析 [J]. 教育研究 , 2007(1):9–13.
[53] 董圣足 . 民办学校破产清算若干问题探析 [J]. 复旦教育论坛 , 2008(2):57–60.
[54] 强连庆 , 袁济 , 蒲健媛 . 关于上海民办高等教育立法的建议 [J]. 复旦教育论坛 , 2009(1):69–74.
[55] 巩丽霞 . 论民办高等教育立法的不足 [J]. 现代教育管理 , 2009(2):60–63.
[56] 伍金球 . 突破我国民办高等教育发展困境的思考 [J]. 高教探索 , 2004(3):75–77.
[57] 阎凤桥 . 中国民办高校内部治理形式及国际比较 [J]. 浙江树人大学学报（人文社会科学版）, 2007(9):1–8.
[58] 刁玉华 . 民办高等学校管理问题探析 [J]. 郑州大学学报（哲学社会科学版）, 2010(7):163–166.
[59] 苗庆红 . 民办高校治理结构的演变研究 [J]. 中国高教研究 , 2005(9):28–30.
[60] 韩艳 . 民办高校董事会制度的运行与制衡机制构建 [J]. 浙江树人大学学报 , 2006(2):18–21.
[61] 汪明义 . 把握大学组织特征　办好民办高等教育 [J]. 中国高等教育 , 2010(8):23–24.
[62] 刘峥 , 金会庆 . 民办高校组织扁平化与系部目标管理责任制 [J]. 价值工程 , 2010(25):223–224.
[63] 郭建 . 民办高等教育地域性发展的多维分析 [J]. 高等教育研究 , 2004(6):44–52.
[64] 饶爱京 . 江西民办教育发展研究 [D]. 厦门 : 厦门大学 , 2006.
[65] 鲍威 . 中国民办高等教育的生成机制和区域发展模式 [J]. 北京大学教育评论 , 2006(4):149–159, 19.
[66] 余志祥 . 西部民办高等教育与区域经济发展关系研究 [J]. 重庆科技学院学校（社会科学版）, 2006(3):72–76.
[67] 阎凤桥 . 我国民办高等学校区域分布、时间变化及其影响因素 [J]. 民办教育研究 , 2007(2):16–24, 107.
[68] 胡大白 . 继续解放思想 , 促进民办高校科学发展 [J]. 黄河科技大学学报 , 2009(1):1–4.
[69] 李晓娟 , 蔡文伯 . 对我国民办高等教育的政策分析 [J]. 中国西部科技 , 2010(2):84–85, 96.
[70] 林小英 , 侯华伟 . 教育政策工具的概念类型 : 对北京市民办高等教育政策文本的初步分析 [J]. 教育理论与实践 , 2010(25):15–19.

[71] 邱小健．民办高等教育政府财政资助现状的调查研究——基于江西省 9 所民办高校的实证调查 [J]. 北京城市学院学报，2010(5):42–47.

[72] 赵应生，钟秉林，洪煜．积极稳妥地推进民办教育分类管理——我国民办高等教育改革与发展探析（三）[J]. 中国高等教育，2011(10):20–23.

[73] 方芳，钟秉林．民办高等教育财政支持制度的研究现状与未来展望——我国民办高等教育改革与发展探析（四）[J]. 中国高等教育，2011(Z2):36–39.

[74] 方芳，王善迈．我国公共财政支持民办高等教育研究 [J]. 北京师范大学学报（社会科学版），2011(5):23–29.

[75] 赵应生，钟秉林，洪煜，等．国外及港澳台地区私立高等教育发展的经验与启示——我国民办高等教育改革与发展探析（五）[J]. 中国高等教育，2011(Z3):33–36.

[76] 王淑荣．辽宁省民办高等教育中外合作办学的背景分析与模式研究 [J]. 黑龙江对外经贸，2011(10):106–108.

[77] 贾东荣．分类管理机制下的民办高等教育财政资助 [J]. 教育发展研究，2011(24):28–35.

[78] 姜朝晖，钟秉林．民办本科院校人才培养模式的研究现状与展望——我国民办高等教育改革与发展探析（六）[J]. 中国高等教育，2011(22):13–16.

[79] 曹勇安．中国民办高等教育发展的机遇与挑战 [J]. 国家教育行政学院学报，2013(3):3–6.

[80] 曾小军．民办高等教育成本分担的路径依赖分析 [J]. 中国高教研究，2013(4):60–64.

[81] 徐绪卿，王一涛．论我国民办高等教育政策从“规范”向“扶持”的转型 [J]. 高等教育研究，2013(8):105.

[82] 方晓田，王德清．后大众化时期民办高等教育发展与政府干预 [J]. 高等教育研究，2013(10):110.

[83] 卢彩晨，邬大光．中国民办高等教育回顾与前瞻 [J]. 教育发展研究，2007(6):1–9.

[84] 阎凤桥，林静．商业性的市民社会：一种阐释中国民办高等教育特征的视角 [J]. 教育研究，2012(4):57–63.

[85] 钟秉林．民办高校要高度重视和切实加强文化建设——我国民办高等教育改革与发展探析（八）[J]. 中国高等教育，2012(12):10–12.

[86] 巩丽霞．地方公共财政扶持民办高等教育政策的优化选择 [J]. 高教发展与评估，2012(6):10–16.

[87] 徐绪卿 . 关于民办高等教育政策顶层设计的思考 [J]. 教育发展研究 , 2013(21):60–64.

[88] 邬大光 . 中国民办高等教育发展状况分析（下）——兼论民办高等教育政策 [J]. 教育发展研究 , 2001(8):13–18.

[89] 郭石明 . 民办高等教育：现状、问题与趋势 [J]. 浙江社会科学 , 2004(3):129–134.

[90] 张铁明 . 关注阻碍民办教育发展的新倾向——兼谈教育利益国家化是民办教育新制度安排中最核心的理念 [J]. 教育发展研究 , 2005(8):13–19.

[91] 刘莉莉 . 中国民办高等教育发展的研究 [M]. 长春 : 吉林人民出版社 , 2002.

[92] 卢彩晨 . 中国民办高校倒闭问题研究 [D]. 厦门：厦门大学 , 2007.

[93] 别敦荣 , 陈艺波 . 我国独立设置的民办高等学校的现实困境与前景展望 [J]. 浙江树人大学学报 , 2006(4):9–14.

[94] 张铁明 . 教育利益国民化是高教大众化的关键前提——兼谈民办学校的体制压力及其根源 [J]. 当代教育论坛 , 2006(10):122–124.

[95] 刘元成 . 建立适合民办教育界发展的外部管理机制 [J]. 教育与职业 ,1999(8):28–31.

[96] 保罗·萨缪尔森 , 威廉·诺德豪斯 . 经济学 [M]. 萧琛 , 译 . 北京 : 首都经济贸易大学出版社 , 1997.

[97] 布劳格 . 教育经济学导论 [M]. 北京 : 春秋出版社 , 1989.

[98] 阎光才 . 制约民办教育不良竞争的制度分析 [J]. 教育与经济 , 2002(4):l–5.

[99] 李爱良 . 政府在民办高等教育场域中的定位 [J]. 高教探索 , 2007(3):10–14.

[100] 朱小蔓 . 对策与建议：2005—2006 年度教育热点、难点问题分析 [M]. 北京 : 教育科学出版社 , 2006:183.

[101] 丁祖诒 . 迎接中国西部大开发——论中国民办大学的态势 [C]// 中国科学技术协会 . 西部大开发科教先行与可持续发展——中国科协 2000 年学术年会文集 . 北京 : 中国科学技术出版社 , 2000.

[102] 王康 , 吴志宏 . 中国民办教育研究 2004—2005[M]. 上海 : 上海人民出版社 , 2005.

[103] 李爱良 . 政府在民办高等教育场域中的定位 [J]. 高教探索 , 2007(3):10–14.

[104] 滕大春 . 美国教育史 [M]. 北京：人民教育出版社 , 1994.

[105] 中国民办高教发展战略研究课题组 . 民办高等教育新发展中面临的问题 [J]. 浙江树人大学学报 , 2002(5):6–10.

[106] 国家教育发展研究中心 .2001 年中国教育绿皮书 [M]. 北京 : 教育科学出版社 , 2001.

[107] 邬大光 . 中国民办高等教育发展状况分析（上）[J]. 教育发展研究 , 2001(7):23-28.

[108] 李晓明 . 民办高校学生的困惑与期盼 [J]. 教育与职业 , 2003(20):30-31.

[109] 吴淑姣 . 公办高校与民办高校学生求学成本与就业的比较分析——对 3 省 7 所高校专科生的调查 [J]. 教育与经济 , 2004(2):6-10.

[110] 迈克尔 · 罗斯金 , 罗伯特 · 科德 , 沃尔玛 · 琼斯 , 等 . 政治科学 [M]. 北京 : 华夏出版社 , 2001.

[111] 李永春 . 利用敏感性分析鉴别决策可靠性 [J]. 企业管理 , 1995(7):35-36.

[112] 李萍 . 敏感性分析在项目评价中的作用 [J]. 湖北化工 , 1998(6):46-47.

[113] 杨开明 . 高等教育投资及其风险防范措施初探 [J]. 复旦教育论坛 , 2008(6):43-47.

[114] 曹勇安 . 中国民办高等教育问题 [R]. 厦门 : 厦门大学教育研究院 , 2006.

[115] 郝瑜 , 王冠 . 论陕西民办高等教育的缘起与发展 [J]. 高等教育研究 , 2004(1):74-79.

[116] 邬大光 . 投资办学：我国民办高等教育的本质特征 [J]. 广东教育学院学报 , 2006(6):59-60.

[117] 王培根 . 高等教育经济学 [M]. 北京 : 经济管理出版社 , 2004.

[118] 王晓燕 . 江阴培尔职业技术学院办学失败探究 [J]. 民办教育研究 , 2006(1):76-79.

[119] “椒江教育股份办学模式研究”课题组 . 开发民间教育投资潜力的新探索——椒江“教育股份制”研究报告 [J]. 教育研究 , 1999(3):30-35.

[120] 牟阳春 . 2002 年中国民办教育绿皮书 [M]. 上海 : 上海教育出版社 , 2003.

[121] 柯佑祥 . 日本现代私立高等教育的发展研究 [J]. 高等教育研究 , 1991(2):94-98.

[122] 李帅军 . 日本私立高等学校的经费来源 [J]. 外国教育研究 , 1999(4):41-46.

[123] 雷鸣 , 舄玉辉 , 刘德华 . 人力资本形成中教育投资的成本收益分析 [J]. 商业研究 , 2002(21):16-18.

[124] 刘斌红 . 高等教育个人投资成本与收益分析 [J]. 统计与决策 , 2008(12): 59-61.

[125] JOSEPH W. Risk, human capital, and the investor's Portfolio[J]. Journal of Business, 1978, 51(1): 65-89.

[126] DAVID K. Uncertainty and the demand for education[J]. Review of Economics and Statistics, 1986, 68(3): 460-467.

[127] RONALD W, Arthur S. Human capital investment and labor supply under uncertainty[J]. International Economics Review, 1990,31(1)195-205.

[128] STACEY C, MARK B, ERIC H, etc. Is investing college education risky? [J].Discussion Papers,2001.

[129] CHEISTIAN B, JORGEN H. Unobserved ability and the return to schooling[J]. The Econometric Society, 2002, 70(5): 2075–2091.

[130] COLMH, VINCENT H, IAN W. Dispersion in the economic return to schooling[J]. Labour Economics, 2003, 10(2): 205–214.

[131] 韩洁 . 我国城镇家庭生命周期资产组合选择行为的动态模拟 [D]. 上海 : 复旦大学 , 2008.

[132] 武向荣 . 西方过度教育的理论综述 [J]. 外国教育研究 , 2006(5):6–10.

[133] MUN T, HENRY L. The economics of overeducation[J]. Economics of Education Review, 1985, 4(2): 3–104.

[134] SEAMUS M, JESSICA B. Overeducation in the graduate labour market: a quantile regression approach[J]. Economics of Education Review, 2007, 26(5): 521–531.

[135] 刘文 . 高等教育投资与毕业生供求关系研究——基于人力资本的视角 [M]. 北京 : 中国经济出版社 , 2006.

[136] 郑耀群 , 周新生 . 社会资本视角下的东西部经济差距分析 [J]. 贵州社会科学 , 2007(8):130–133.

[137] JAMES C. "Social capital in the creation of human capital" [J]. American Journal of Sociology, 1988, 94: 95–120.

[138] 皮埃尔 · 布迪厄 , 华康德 . 实践与反思——反思社会学导引 [M]. 李猛 , 李康 , 译 . 北京 : 中央编译出版社 , 1998.

[139] 薛晓源 , 曹荣湘 . 文化资本、文化产品与文化制度——布迪厄之后的文化资本理论 [J]. 马克思主义与现实 , 2004(1):43–49.

[140] 张智勇 . 社会资本与农民工就业 [J]. 经济社会体制比较 , 2007(6):123–126.

[141] 李惠斌 , 杨雪东 . 社会资本与社会发展 [M]. 北京 : 社会科学文献出版社 , 2000.

[142] 蒋国河 , 闫广芬 . 城乡家庭资本与子女的学业成就 [J]. 教育科学 , 2006, 22(4): 26–30.

[143] 沈国琪 . 基于灰色关联定权与 TOPSIS 方法的民办高校动态分类管理 [J]. 现代教育管理 , 2014(12):89–94.

[144] 王一涛 . 对开展营利性民办高校试点的思考 [J]. 教育发展研究 , 2011(24):23–27.

[145] 王善迈 . 民办教育分类管理探讨 [J]. 教育研究 , 2011(12):32–36.

[146] 方建锋 . 民办学校营利性和非营利性分类管理的实证分析 [J]. 教育发展研究 , 2011(24)19–22, 35.
[147] 李洁 . 民办高等教育发展的深层矛盾与破解之道 [J]. 继续教育研究 , 2014(4):4–7.
[148] 潘懋元 . 高等教育大众化面临的困难 [N]. 光明日报 , 2014–09–23(13).
[149] 徐绪卿 . 关于民办高校分类管理的思考 [J]. 教育发展研究 , 2011(12):1–5.
[150] 董圣足 . 民办学校分类管理的制度构架 : 国际比较的视角 [J]. 教育发展研究 , 2013(9):14–20.
[151] 李丽丽 . 民办高等教育分类管理研究 [J]. 继续教育研究 , 2013(12):95–96.
[152] 柯佑祥 . 民办高校的属性识别及其调控机制研究 [J]. 教育研究 , 2012(9):111–118.
[153] 周守亮 , 赵彦志 . 民办高等教育分类管理实施路径与策略研究 [J]. 教育研究 , 2014(5):58–64.
[154] 潘懋元 , 邬大光 , 别敦荣 . 民办高教发展需要有更多的路径 [N]. 中国教育报 , 2012–01–09(05).
[155] 王建 . 民办学校分类管理——从“四分法”到“二分法”[J]. 北京大学教育评论 , 2012(2):21–42+187.
[156] 徐绪卿 . 治理背景下我国民办高等教育管理的转型 [J]. 中国高教研究 , 2014(8):17–20.
[157] 张韦韦 , 阙明坤 . 聚焦民办教育分类管理与合理回报 [J]. 教育与职业 , 2014(31):22–29.
[158] 沈国琪 . 民办高等教育分类管理模式的新思考——基于公益指数视角的探讨 [J]. 现代大学教育 , 2015(5):15–20.
[159] 沈国琪 , 祝丽红 . 高校毕业生入职角色转换关键影响因素的探索性分析 [J]. 教育教学论坛 , 2018(5):35–37.
[160] 沈国琪 . 民办高等教育研究论点摘编 [J]. 浙江树人大学学报 , 2015(6):115–116.
[161] 沈国琪 , 陈万明 . 基于教育因子的区域人才资源流动分析 [J]. 科技进步与对策 , 2009, 26(17):151–154.
[162] 沈国琪 , 陈万明 . 基于职能强度指数的区域财政供养效率探析——以浙江省为例 [J]. 华东经济管理 , 2014, 28(6):148–151.
[163] 沈国琪 , 陈万明 . 基于多元线性回归与 BP 神经网络分析的失业预测建模实证研究 [J]. 工业技术经济 , 2014, 33(2):103–112.
[164] 沈国琪 . 我国失业状况综合测度结构体系研究——基于探索性和验证性因子分析框架的检验 [J]. 企业经济 , 2015(2):180–184.

[165] 沈国琪，陈万明. 大学生就业难的经济、社会关联性因素分析 [J]. 辽宁教育研究，2008(10):108-110.

[166] 沈国琪. 基于雇主预期视角的大学生就业能力结构认知偏差的实证分析 [J]. 吉林广播电视大学学报，2012(12):149-152.

[167] 黄藤. 中国民办教育研究（2016）[M]. 上海：华东师范大学出版社，2016.

索 引